毎日がストレスフリーになる「自分ほめ」

原邦雄

フォレスト出版

はじめに

自分と揺るぎない信頼関係を結べる人はストレスフリーな毎日になる

人からほめられたとき、あなたはどんな反応をしますか？

私は、ほめられたら素直にうれしいですし、「エネルギーチャージできた」と感じます。だから相手にも満面の笑みで「ありがとうございます」と伝えます。

でも多くの人は、「いえいえ、そんなことはありません」と否定したり、「私なんて」と謙遜してしまったりしがちです。


「人はほめられるために生まれてきた」


これが私の信念です。けなされるために生まれてきた人なんて、一人もいません。それぞれに長所があり、ほめられるために生きているのです。

それなのに、多くの日本人は「ほめ下手」ですし、「ほめられ下手」。

ほめることは、長所を伸ばします。せっかく長所を伸ばすチャンスなのに、限られた人生で「ほめる」力を使わないなんて、もったいないことだと思うのです。

そして、ほめることにはもう一つ、大きな力があります。それは**「人間関係の悩みを消してくれる」**ということです。

私も会社員時代は、上司とぶつかったり、部下とうまく関係が結べなかったりと、人間関係の悩みがたくさんありました。その結果、頭痛に悩まされ、6か月間も社会から離れ、転職活動がうまくいかず、あきらめかけたこともありました。

それが今は、人間関係の悩みは「ゼロ」。なぜかというと、毎日を「自分ほめ」で満たしているから。

他人をほめ、自分をほめる。

この繰り返しが自分を信じる力を生み、周りがどんどん自分の味方になり、気がつけば全員が自分の応援団になってくれているのです。

誰しも「人生、こうなったらいいな」と思い描く理想があるはずです。

例えば、「尊敬できる男性と出会って、幸せが続く結婚をしたい」「夫婦で支え合い、子どもの成長と幸せを見守りたい」「仕事もプライベートも充実した毎日を送りたい」。

しかし、人間関係の悩みが行く手を阻みます。

「なかなか理想の相手と出会えない」「毎日夫婦ゲンカばかりで、子どもの話ができていない」「今日もあの上司の顔を見るなんて、考えただけで憂鬱《ゆううつ》」……。

人間関係の悩みがすっと消え、たとえ悩みができても即解消できる、そして予防できるようになったら、人はどれだけストレスフリーになるでしょうか。そのためにも「ほめ下手」「ほめられ下手」から脱却してほしいのです。


申し遅れました。私は原 邦雄と申します。「ほめ育財団」を設立し、ほめ育を世界に広める活動をしています。

ほめ育とは、ほめて育てる教育のこと。私自身の「両親にたっぷりとほめられて育った経験」をベースに、社会人になってからの挫折や復活といった経験も含めてつくり上げたメソッドです。


人をほめることが苦手な人は少なくありません。なぜなら家庭でも学校でも、人の

ほめ方を学ぶことはめったにないから。実際に企業研修をしていると、

「何をほめたらいいかわからない」
「どうほめたらいいのかわからない」

という声をよく聞きます。研修では、上司が部下をほめるワークをおこなうのですが、無言のまま数分過ぎているシーンを見かけます。逆にさまざまな言葉をかけているように見えて、実はまったくほめられていないこともあります。ご家庭でも、ご主人や子どもさんをほめたいと思っても、気恥ずかしさからつい、回りくどい言い方になっていることもあるのではないでしょうか？

何かをマスターするには、スキルを学び、コツコツとトレーニングすることが大切。そこでこの本では、「自分ほめカレンダー」を用意しました。1日1ほめを実践すると、自然と自分ほめの習慣がつくようになっています。もちろん使い方やポイントも詳しく書いていますので、ぜひ活用してください。

自分との揺るぎない信頼関係が築けた人は、他人との信頼関係も築きやすくなります。
あなたの幸せな人生のために、この本がお役に立てれば幸いです。

原邦雄

第2章

がんばらないで長続きする「自分ほめ」7つの法則

第3章 幸せを呼ぶ「自分ほめカレンダー」で1日1ほめ

日常をほめて「気分を上げる」10日間

将来につながる行動をほめて「幸せを引き寄せる」10日間

人生の経験をほめて「自己肯定感を高める」10日間

第4章 あなたが本当にやりたいことを目標に掲げよう

第5章

自己肯定感やモチベーションが高くなくても大丈夫！

序　章

自分の「レース」に集中すればストレスフリーな人生になる

○引きこもりになって気づいた「ほめる力」

大学を卒業して、食品会社に就職。在籍していた2年間、かなり厳しく指導されました。

私が張り切りすぎていたからでしょう。椅子に画鋲を置かれて「痛!」。そんな姿を見てくすくす笑われたり、靴を隠されたり。今の時代なら立派なパワハラです(笑)。でも、常に愛情や期待を感じていました。毎日叱《しか》ってくれたおかげで、一人前の社会人になれました。当時の上司や先輩には心から感謝しています。

その後、キャリアアップを目指し、食品会社を辞めて船井総合研究所に中途入社しました。当然社風や仕事のやり方は違います。「これまでの経験をいったんリセットしたほうが成長できる」という考え方のもと、厳しい指導を受けました。

しかし結局は会社を辞めて半年間、社会から離れることに……。

社会から離れて落ち込む中、ふと思い出したのは幼少期のことでした。両親はどんなときでも、私をほめてくれました。どんなことがあっても、自分には帰れる場所がある！　そう思った途端に力がみなぎり、自分で自分を１００％信用、そして信頼する気持ちが湧き上がってきたのです。

心身がボロボロになるぐらい人間関係で悩んだ私でしたが、今では人間関係の悩みはゼロ。「ない」と言い切れるのは、「はじめに」でも書いたとおり、毎日を「自分ほめ」で満たし、自分との関係がしっかり確立できているからなのです。

◯「レース」に没入すれば周りの雑音は気にならない

こうして私は立ち直り、ひたすら自分を信じ、また走り始めました。

起業して丸十年。振り返ってみれば、まるで駅伝のような十年でした。駅伝の走者が次の走者へ、そしてさらに次の走者へとたすきを渡していくように、今日の自分から明日の自分へと、たすきをつなぎ続けてきたのです。

しんどいときも、当然たくさんありました。でも**自分を信じているから、未来の自**

分にたすきをつなぐために、今精一杯やることができる。どんなときもめげずに、未来の自分へとたすきをつなぎ続けてきたのです。

つなぐべきたすきがあれば、人は全力を尽くします。

駅伝走者は、レースの真っ最中に「コンビニに行きたい」と考えたり、「なぜこんなにしんどい競技を選んだんだろう」と後悔したりしません。余計なことを考えているヒマはないのです。

とにかく自己ベスト、できれば区間賞や区間新記録を出す、そして次の人にたすきを渡すことしか考えていないから、集中できる。そしてレースが終わったら、全員が抱き合って感動を共有し合う。不本意な結果に終わることもあるでしょう。でもメンバー同士、責め合うことはないはず。みんな自分を信じ、仲間を信じ、たすきをつないできたからです。

その姿勢が共有できていれば、結果がどうであれ、誰から批判されても、チームにとってはあまり関係ない。自己ベストを狙ったチームでかけがえのない時間を一緒に過ごせたことに価値があります。そもそも人生は精一杯生きることが目的だと思うのです。

もし隣の芝生が青く見えているとしたら、自分のレースに没入していないから。そのため自分を信じられていないからでしょう。

他人からの評価で一喜一憂するのをやめませんか？　**あなたが集中するべきは、自分のレース。**今日のあなたは、明日のあなたにたすきを渡すために走っているのです。

○自分の役割を知って自分の道を歩いていけば悩みはなくなる

先ほど出てきた「自分のレース」ですが、私はよく「自分の道」と表現します。**自分の道とは、自分の役割を意識しながら進んでいくべき人生のこと。**

自分の道を理解し、自分の道を歩いている実感があれば、他人からマイナスの評価を受けても落ち込みません。むしろ感謝して、成長の糧《かて》に変換できる。すると「あんなことをいわれた。あの人とは相性が合わない」という感覚から、「自分のことを思っていってくれて、ありがたい。あの人を大切にしよう」というプラスの捉え方ができます。すると、人間関係の悩みは自然となくなってしまうのです。

日本の電車は、時刻表通りに出発します。なぜなら「多くの乗客を、決められた時間に決められた駅まで届けなければいけない」という役割があるから。

昔、酒にしたたかに酔っている人が、出発時刻ギリギリに駆け込もうとして目の前で電車のドアが閉まり、「なんで俺を入れてくれないんだよ！」とドアを蹴るシーンを見たことがあります。「少しぐらい待ってくれたらいいのに」と、よほど腹が立ったのでしょう。

でも電車は、決められた駅に、決められた時間に到着しなくてはいけません。「自分の道」があるからです。

私たちも、道さえ自覚すれば、電車のように進んでいくだけ。仕事も生活も前へ前へと進んでいけば、そのペースについていけない周りの人も出てきます。その結果、関係がうまくいかない人も出てくるでしょう。でも、気にする必要はありません。相手が自然と離れていくこともありますし、時間が人間関係を良くしたり、お互いを成熟させたりすることもよくあります。

すべての人といい関係を築く努力はしなくてもいい。自分の道を見つけ、前へ前へと進めばいいだけなのです。

ただし「自分の道」が、単なる「自分勝手な道」になってはいけません。自分の役割を意識することが大事ですし、もう一つ「徳」を意識してほしいのです。

論語に、「徳は孤ならず、必ず鄰《となり》あり」という言葉があります。

これは、「道徳のある者は孤立しない。きっと親しいなかまができる」（出典元『論語』岩波文庫）ということを意味します。

道徳のある者、つまり徳を積む＝善行を重ねる人には、おのずと応援してくれる人が現れるもの。ですから、自分の道を、徳を積みながら進んでいきましょう。

○振り返れば、自分をほめる材料がいくらでも出てくる

「自分をほめるのが苦手」という声をよく聞きます。それは、自分を振り返っていないからかもしれません。日本人は基本的に勤勉ですから、よく働きます。だから、**今日一日何をしたかを振り返るだけで、「よく乗り越えたな」「がんばったな」と、自分をほめる材料がどんどん出てくるはず。**ところが忙しい毎日を送っている人がほとん

どですから、なかなか振り返ることができていないのです。

人生、楽しいことだけではありません。人間関係でつらい思いをしたり、悔しい思いをしたりすることもあるでしょう。でも、幸せを祈っていれば大丈夫。「このつらい経験が、人生の幅を広げてくれるはず」と感じ、大抵の人間関係の悩みは乗り越えることができます。

ぜひ今日一日のこと、そしてこれまでの人生を振り返ってください。そして、自分をほめてあげましょう。**自分ほめによって私たちは困難に打ち勝って、次のステージへと進むことができます。**そして自分ほめは、悩みのほとんどを占める人間関係についても、問題を解消する一つの方法なのです。

それでは順を追って、自分ほめをマスターしていきましょう。

第1章

人生が右肩上がりになっていく思考の習慣とは？

「ほめる」ことは人間関係の潤滑油

自分ほめについて学ぶ前に、まずは「ほめる」こと全般について考えましょう。まず注目したいのが、「ほめることが、人間関係において潤滑油になる」という点です。

ほめられて謙遜することはあっても、ほめられて相手を嫌いになることはないでしょう。ほめることで相手との心の距離が近くなり、結果的に人間関係は良くなるのです（ただ、下心があって相手をほめるのは、なんとなく下心が相手に伝わってしまうものなので、あまりおすすめできるものではありませんが）。

そしてほめることは、相手を注意するときにも潤滑油の役目を果たします。

立場上、嫌なことを言わなければいけない役割を担っている人も多いでしょう。例えば上司は部下に、店長はスタッフに、親は子どもに、時には心を鬼にして注意しなくてはなりません。

こんなとき、ほめることをうまく取り入れると、目的をスムーズにクリアできます。

なぜなら**ほめることが、安心・安全な場をつくることを可能にする**からです。

例えば、遅刻した部下を叱るのは、上司として当然のこと。でも「寝坊するなんて、社会人としての自覚が欠けているんじゃないの?」と責めては、相手を追い込むだけ。一方通行になってしまいます。

そこで「いつも朝早くに出社するから、すごいなあと思っているんだよ。今日は珍しいね、どうしたの?　心配していたよ」と、まずは普段の姿勢をほめる言葉を伝える。その上で「明日からは遅刻しないように」と注意する。そうすれば部下も「すみません、明日からもちろん気をつけます」と素直に受け止めてくれます。

また、宿題をしていない子どもを叱るのも、親の役目。でも「宿題もせずに、一体何をやっているの!　早くしなさい」とガミガミ怒ってばかりでは、子どもも反発しかねません。「計算問題、すごく早く解けるようになってエライね。せっかく力がついてきたのに、宿題しないともったいないよ。何時からするの?　一緒にしようか?」と、子どものがんばりを認め、寄り添いながら促す。すると子どもも、「自分でできる。今からしてくるね」と、行動しやすくなるのです。

○ありがとう探しをすることで頭一つ抜きん出る

実は「ありがとう」もほめる言葉です。なぜなら**「ありがとう」という言葉には、「あなたのおかげで〇〇できたよ」という、相手の行動や姿勢をほめる気持ちが込められているから**。ぜひ人と接するとき「ありがとう探し」をしてください。

相手のいいところを探し、「ありがとう」と感謝を伝えていくと、あなた自身も感謝され、応援してもらえる人になります。すると頭一つ抜きん出て、社会で活躍できる人へと成長していくのです。

起業家のダマ奈津子さんは、世界中の人脈を惜しげもなく紹介してくださいます。本当にすごい方で、心から感謝し、尊敬しています。ところが中には、紹介してもお礼すら言わない人もいるのだとか。それどころか「紹介してもらったけれど仕事がうまくいかない」と、彼女に不平不満をぶつける人もいるというから驚きます。

でも彼女はそんなことがあっても、「ありがとう探し」を続けています。今の自分があるのは、先輩たちが人脈を紹介してくれたから。その感謝を忘れず、ご自身の人脈を紹介し続けているのです。

彼女が社会で活躍し続けられるのは、どんなことがあっても、「ありがとう探し」を続け、その感謝をプラスのパワーに変え続けているからなのだと実感します。

皆さんも、電車に乗っているときなど、ひどくマナーの悪い乗客と出くわすことがあるでしょう。腹を立てたり、批判したりすることは簡単です。そんなときでも、「公共の場でマナーを守らなければ、周囲にこんなにも不快な思いをさせるんだ……。」身をもって実感できたのは、この場にいられたから。「ありがとう」と捉えてみてください。そうすることで「耐える力」が備わり、一目置かれるようになっていくでしょう。

人を直接ほめるのが苦手なら　いい噂を流せばいい

ほめたいけれど、直接ほめるのが恥ずかしいという人は意外と多いもの。繰り返しになりますが、日本人はほめることに慣れていません。だから、いざほめようと思うと気恥ずかしくなったり、ほめ方がわからなかったりして、ほめることができないのです。

そんなときに使ってほしいのが「いい噂を流す」という方法。**面と向かってほめるのは難しくても、本人のいないところでほめて、いい噂を流す**ことならできますよね。その噂が相手に届くと、本人は絶対悪い気はしません。むしろ「そんなことを言ってくれているなんて、うれしい」と、幸せな気持ちになるはずです。誰でも、自分のいい部分を見てくれる人には、好意を抱くもの。あなたを見る目も変わるかもしれませんね。

そして実際に会う機会が訪れたら、「実はこの前、『○○さんってすごい』という話をしていたんですよ」と本人に言ってみましょう。本人に噂が届いていれば、「聞きました。すごくうれしかった」と喜んでくれるでしょう。もし噂を聞いていなくても、「そうなんですか?」と相手は喜び、会話が弾《はず》むはずです。

もちろん相手を直接ほめられたらベスト。でも、ハードルが高いなと感じるなら、無理をせず、噂という形でいい。まずは「ほめる」ことが大切。そうすれば、愛し愛される関係ができ、人生はどんどん良くなっていくのです。

◯ 正論を言われて腹が立っても「ありがとう」で返す

先ほど、「ありがとう」もほめ言葉だとお伝えしました。さまざまな場面で使えるほめ言葉ですが、**正論を言われて腹が立つときにも使ってほしい**のです。

相手が言っていることは正しい、意味はよくわかる、頭では理解できるけれど、言われると心が「受け入れたくない」と拒否する……そんな経験はありませんか?

相手にすれば、良かれと思って言ってくれているのです。でも自分が大変なときやしんどいときに正論を言われると、余計に負担に感じ、反発を覚えることもありますよね。

　以前、こんなことがありました。

　大きな夢を抱いてコンサルタントとして独立したものの、最初は鳴かず飛ばず。仕事は全然うまくいきません。そんなときに、友人が自宅に遊びに来ました。

「最近どう？」という話になり、私は仕事が順調ではないことを伝えました。すると友人は「家にいる時間が長いなら、もっと家事の手伝いをしてあげたほうがいいんじゃない？」と言うのです。

　妻は、どんな状況にあっても私を信じ、支えてくれていました。感謝していないわけがありません。もちろん家事を手伝えば、妻は楽になるでしょう。でも感謝しているからこそ、私は早く仕事を軌道に乗せたかったのです。だからこそ仕事に集中していた、でも確かに仕事はない……そんな状況の中で言われた正論は、私の気持ちを逆なでしたのです。

　こんなとき、あなたならどうしますか？　怒って言い返したくなるのは当然です。そこをぐっとこらえて「ありがとう。気づいてなかった、そうだね」と受け入れてみるのです。

腹が立って言い返せば、相手に対する怒りが残るだけです。人間関係にもヒビが入るかもしれません。でも、どんなに腹が立っても受け止め、プラスの言葉で返す。するとあなたの人間力が上がります。相手も「真の応援者」になってくれるかもしれません。そして不思議と、全然関係のないところで、別のいいことが絶対起こるのです。

○人をほめることは脳科学的に自分をほめることと同じ

人をほめることとは、自分以外の誰かを喜ばせる技術と思われがちですが、それだけではありません。

「人をほめる」ことは、「自分をほめる」こと。

脳科学によると、人間の脳は一人称や二人称、三人称といった「人称」を区別することができません。脳は、ほめる相手が自分なのか、それとも他者なのか、理解できない仕組みになっているのです。

とある後輩の話です。彼は心の病にかかり、薬が手放せない時期がありました。今は元気になりましたが、当時は連絡が急にとれなくなったり、仕事の期限を守れなかったりすることもしばしば。次第に周りから信頼されなくなってしまいました。あるとき会うと、やはり元気がありません。「全然だめなんです」と表情も暗く、下ばかり見ています。私は必死で彼のいいところを探し、ほめました。

「○○くんは、相手の喜びを第一に考えられるのが良いところだよ」「ものづくりに対する姿勢、本当にすごいな」など、会話を終えるまでの30分間、私は常にプラスの言葉で相手をほめ続けました。すると不思議な変化が起こりました。私自身が元気になって、「よし、私もやってやる!」と奮起しているのです。

自分を励ましたわけではありません。でも**脳は人称を省いてインプットするので、相手をほめながら、自分もほめています。だから結果として、自分も元気になるのです。**

脳が人称を区別できないということは、相手を責める際には注意が必要ということです。

職場やご家庭で、「なんであなたは、そんなに仕事が遅いの?」「どうして報連相しないの？」「前も言ったよね？　何回言ったら直るの？」「どうしていうこと聞かないの？」と、相手の欠点ばかりを指摘したり、否定したりする言葉が飛び交っていませんか？

相手を責めているようで、実は最もダメージを受けるのは自分自身です。回り回って自分に返り、他ならぬ自分が自信を失ってしまうのです。

人を責めることは、自分を責めること。だったら人をほめたほうがいいですね。人をほめるということは、結局自分をほめるということなのです。

◯美点凝視と汚点凝視

多くの人がほめ下手です。ほめ下手なのは、ほめることの効果効能を信じていないから。特に年配の方は、ほめられるより、厳しく注意された経験のほうが圧倒的に多いのではないでしょうか。

戦後日本は、改善点を見つけ、一つひとつ良くしていくことで発展してきました。

戦争が終わってからたった80年ほどで、こんなに安全で平和な社会をつくってくれた人生の先輩方には、感謝しかありません。

大変な時代を生き抜くために、自らを厳しく律してきた。だからこそ、行儀が悪い人や、礼儀を欠いている人を見ると、容赦ない態度で接してしまうのでしょう。厳しく注意して相手が感謝してくれたら良いのですが、世代間の感覚も違うため、そう簡単にはいきません。

私は2020年に、日本の評論家であり日本近代文学研究者、そして聖心会のシスターでもある鈴木秀子さんと、共著『なぜ、私たちは新型コロナウイルスを与えられたのか?』（英智舎）を出版しました。その中で取り上げたのが「美点凝視と汚点凝視」という考え方です。

美点凝視とは、相手の長所や徳性に目を向けること。一方の汚点凝視とは、相手の欠点や短所に目を向けることです。

先日、85歳の大変お世話になっている人から、「邦雄くん、美点凝視って何?」と言われました。彼は典型的な〝ほめない人〟で、「美点凝視がわからないよ」というのです。そして、ダメ出しをするのは相手のためだといいました。美点と汚点、どちらの視点からでも見るという経験がないようです。

美点を見るとはどういうことでしょうか?

具体的にいえば、**「〇〇のおかげで自分や周りの人生が良くなった」という視点を持つこと。**

例えば、新型コロナウイルスによって人生の方向転換を余儀なくされた方は多いと思います。そこであえて、「コロナのおかげで、どんな善きことがあったのか?」という視点で人や物事を見るのです。これが美点凝視です。

「コロナのおかげでどういう善きことがありましたか」という視点から美点を見ると、「コロナで外食しにくくなったけど、自炊する日が増えたおかげで、ワインに合うおつまみのレパートリーが増えた」「コロナで外出の回数は減ったけど、オンライン講座が増えたので勉強の機会が増えた」など、物事のプラス面が見えてくるかもしれません。

多くの人は、「コロナで大打撃を受け、将来が不安だ」という視点で世の中を見ているのではないでしょうか。テレビをつければ暗いニュースが流れ、不安や怒り、恐れに偏った思考に流れている人のほうが、圧倒的に多数派だと思います。そのために「コロナのせいで大変な目に合っている」と見てしまう。これだと汚点凝視です。

確かに暗い事実のほうが、目につきやすいでしょう。でも汚点ばかりに注目していると、気持ちがますます滅入ってしまいます。だからこそぜひ、美点凝視に切り替えてほしいのです。

人との関係も同じです。美点凝視ができるようになれば、ほめることが苦手ではなくなります。むしろ、善きことが目につくようになり、たくさんほめたくなるはずです。その結果、人間関係はさらに良くなるでしょう

すべての出来事をプラスに変える美点凝視は、今後生きていくうえで必ずあなたの力になるはずです。

◯ まずは相手を肯定する

では、美点凝視をどう始めればいいのでしょう。

世の中には、自分と合う人ばかりとは限りません。言い方や態度が明らかに悪い。社会人としても人間としても、どうかと思う。自分だけでなく、みんなも苦々しく思っている。本来ならつき合わずにいたい。でも、関わらないわけにはいかない……というケースも多々あります。

そういうときは、なおさら美点凝視なんかしたくもないと思うかもしれません。その気持ちもわかります。そこをあえて、美点凝視してほしいのです。

私なら**まず、相手の考えを肯定します。自分とは違う意見であっても、「違う」という感覚はいったん横に置き、「あなたがそう言うのなら、事実なのでしょう」と受け入れてみる**のです。

すると相手の意見に対し、「おっしゃるとおりです」と返すことができます。肯定してから、自分の意見を言うと、不思議なくらい、苦手だと思っていた相手とも、気持ちのいい会話のキャッチボールができるようになります。

そこから美点凝視をして、さらにプラスの関係へともっていけばいいのです。

多くの人は、自分と合わない人の考えを受け入れることができません。でも、考えてみてください。相手のせいで自分の人生が楽しくない、ため息ばかりだなんて、もったいないと思いませんか?

◯すべての人や出来事を自分の成長のために生かしていくという思考

どんな環境も、自分の捉え方次第で変えることができます。マイナスの環境だと思っても、前向きに過ごせば、少しずつ幸せを実感できるようになったり、人生の深みを感じられるようになったりするもの。むしろさまざまなことを乗り越えたほうが、「私、よくがんばった!」と、自分をほめる材料が増えていきます。自分がプラスに変えていけばいいのです。

だから、「○○のおかげでこんな善きことがあった」という視点に変え、すべての人も出来事も、自分の成長や幸せの糧に変換していく。切り替えができれば必ず楽になります。

　そのためにほめるのです。


　本来、ほめるという言葉の原型は、「ほむ」という古語。「ほむ」は、相手の幸せや繁栄を祈るという意味です。

　ほめることは相手の、そして自分の幸せと繁栄を祈ること。


「ほめる」ことを取り入れると、あなたの人生は必ず右肩上がりになっていきます。人も自分もほめる。今すぐできなくてもかまいません。

　まずは「自分ほめ」をマスターしましょう。すると、美点凝視も他人をほめることも、とてもやりやすくなります。


　まずは1日1ほめで、ほめることに慣れましょう。

　慣れてきたら、さらに人生を俯瞰して、戦略的に自分ほめを強化していきます。

　さぁ、それではいよいよ自分ほめの具体的な話へと移りましょう。

第 2 章

がんばらないで長続きする「自分ほめ」7つの法則

○一度自分をしっかりほめれば「ほめ」のエンジンが回り続ける

私のオンラインサロンでは、「これ以上ほめられない！」というくらい、自分を思い切りほめる手紙を自分に書いてもらいます。それを、最終講で参加者のみんなに私が披露します。

なぜ披露するのでしょうか？　その理由は、**これまでやってきた「自分を追い込む」というデフレスパイラルを、いったん止めてほしいから。**そして、上昇スパイラルに入ってほしいからです。

自己肯定感を安定してプラスに保つためには、ひと工夫が必要です。それが「一度思い切り自分をほめる」ということ。勢いよくエンジンをかけておく感覚、もしくはポンプで一度思い切り水を引き上げておく感覚です。一回自分をどーんとほめておく。すると「ほめ」のエンジンが回り続け、水も溢《あふ》れ続けるのです。

誰もが「ほめ」のエンジンを持っています。しっかり回しましょう。そうすれば、後は回り続けてくれます。

ただし、自己肯定感を常に高くしておく必要はありません。高い自己肯定感が求められないシーンでは低くてもいい。ただし、高い自己肯定感が必要なときは、しっかり上げる。全体的にプラスで安定さえしていればいいのです。

たとえば、イベントや会議がある週は、自己肯定感を高めにしたほうがいいでしょう。ここぞという場面で自分を信じる力が出せるので、結果が出やすくなります。

でも、ずっと上げっぱなしではしんどいですから、人に会う予定がほとんどない週なら30点くらいでいい。趣味の映画鑑賞や山登りのときにも、高い自己肯定感は必要ありません。

このように、**気象条件で高低差を自由にコントロールする飛行機のように、自己肯定感も上げ下げすればいいのです。**

自分ほめのメリット

ここ数年、私にはいいことしか起こりません。「一体どれだけいいことがあるんだ!」と思うほど。コロナ禍においても変わりません。仕事もプライベートもいい話しか来ないのです。

それはひとえに、自分ほめのおかげだと思っています。毎日、これほど自分ほめしている人間はいないと思うくらい、自分をほめているのです。

自分をたっぷりほめていれば、自信しか生まれません。すると不思議なことに、出来事もすべていいことばかりになります。

もちろん、人とちょっとした行き違いはあります。でも、とことん自分をほめていれば、多少嫌なことがあっても吸収できます。嫌なことがあるといっても、そもそも全体の3%くらい。いいことばかり起こるのが97点と考えたら、大合格点ではないでしょうか。

実際、自分ほめを始めると、うまくいかない原因に気づき、物事が大きく変わっていくことはよくあります。

そこで、私の「自分ほめプログラム」を受講し、現実が改善されていった方々の事例を少しご紹介しましょう。

子育て
受験を控えた娘にイライラしていたのが……

旦那さんとの関係がうまくいかず、小学生の娘さんを連れて離婚した晴海さん（仮名・40代）。

その後縁あって再婚、由緒ある蔵元の跡取り息子さんのもとに嫁いで行きました。今度の旦那さんとはいい夫婦関係を築くことができ、幸せな日々を送っていました。

ただ、晴海さんは、実子である12歳の娘さんの子育てに悩んでいました。

中学受験を控えた娘さんと向き合うとなぜかイライラし、うまく感情を整えることができません。娘さんにきつくあたるどころか、優しい旦那さんにまでイライラをぶつけてしまうのです。徐々に、そんな自分が嫌だと思うようになりました。

私の自分ほめプログラムに出会ったのは、ちょうどその頃です。

晴海さんは、オンラインでトレーニングを始めて、プログラムが進むうち、娘さんにイライラする原因が、実は自分だったのでは、と気づいたのです。

晴海さんは、いつも他人からの評価を気にしていました。他人というのは、嫁ぎ先の親戚、さらに亡くなっているご先祖さまも含まれます。

代々続く名家に嫁いだのだから、後継《あとつぎ》の息子が必要。しかし、自分は娘と一緒に嫁いだ。そのことで、嫁ぎ先の親族がどう思っているのかが気になり、常にプレッシャーを感じていたのです。それが子育てに影響していました。

ところが、自分ほめを進めていくと、周りは後継の息子が欲しいとは思っておらず、娘が来てくれたことを喜んでくれていたのだと初めて気づきました。

つまり、問題は娘の存在ではなく、自分と自分との関係だったのです。

晴海さんはそれまで、具体的に自分を振り返ることをしていませんでした。日々、子どもの塾の送り迎え、家業の手伝い、家事に忙殺され、自分を大事にしていなかったのです。こうなると、自分で自分をほめることができず、認めることができない状態になります。

晴海さんはいつも、息が詰まるような状態で、いいお母さんを演じていました。だからエネルギーが枯渇し、感情が乱れて、コントロールできなくなっていたのです。

晴海さんがもっとも力を入れて実践した自分ほめプログラムは、寝る前に「今日もがんばったね」とほめてあげるトレーニング。毎日、自分で自分を認め、ほめてあげて、手当てをしてあげました。

プログラムを始めて数週間後、感情は以前ほど乱れなくなりました。以前は何事も結果を出さないと認められないと思っていたせいで、いつもピリピリしていたのですが、今はゆったりとかまえて静観できるようになりました。そして、人に相談することができるようになったので、周りが支えてくれるようにもなったのです。

自分も周りも今ある状態が完璧なのだ。ありのままの自分を肯定しながら、成長を続けていけばいい。

そう気づくと、娘さんにイライラをぶつけることもなく、良好な関係を築けるようになりました。その結果、娘さんは受験に合格し、彼女にぴったりの進路に進むことができました。

恋愛

相手を好きになってしまっては振られてしまう恋愛体質が……

「私、すぐに男性を好きになってしまうんです。最初はうまくいくのですが、すぐ振られるんです」

美波さん（仮名・30代）は美人で感じもいい女性です。

自らを恋愛体質だという彼女は、長続きしない恋愛を繰り返していました。

そんな悩みを聞いて、私は「わからないでもないな」と思いました。

というのも、恋愛体質は、裏を返せば依存型であることが多いからです。相手に影響を受けやすいのです。男性に喜んでほしいから、良かれと思って、相手の色に染まろうとするのだと思います。

男性も、そんな女性の健気《けなげ》さが最初は嬉しいのですが、だんだん重くなってきます。スケジュールにまで口を出してくるようになると、非常に鬱陶しく感じます。束縛されるのが嫌な男性も少なくないからです。

そこで美波さんは、自分ほめプログラムの研修を受けることになりました。トレーニングを実践していくと、大きな気づきがあったといいます。

「今までの私は、自分がありませんでした。自分が何をしたいのか、自分がどういうことをやっていきたいのか、注意を払ってこなかったのです」

それまでは、おつき合いが始まると、「相手に嫌われないか」とビクビクしていた美波さん。自分ほめを続けていった結果、**「私は私、あなたはあなた。私はあなたのここが好き。こんなところを尊敬している。そして、私はあなたに、私のこんなところを見てほしい」**と、相手を一人の人間として見ることができるようになりました。

すると、自信をもって自分の強みも弱みも言えるようになり、発言もずいぶん変化して、ひとまわりもふたまわりも魅力的な人になりました。

理想的な恋愛とは、自分は自分の道を行き、相手は相手の道を行きながら、重なったところで楽しい時間を過ごすことだと私は思います。

やがて美波さんは、地域で有名な会社の御子息に出会い、おつき合いを始めました。彼には大人の落ち着きがあり、「本当の私を見てくれるんです」といっていました。とてもお似合いのカップルなので、そのうち二人はゴールインすると思います。

夫婦関係

経済的に恵まれていなかった子ども時代の経験が……

卓也さん（仮名・40代）は気がいい男前で、みんなから愛されていました。ただ、自分でやっている事業がもう一つ軌道に乗りません。年間300万円も稼げないのです。私は「もうちょっとがんばれ」と、密《ひそ》かに応援していました。

そんな卓也さんが、結婚することになりました。

お相手は、5歳下の萌さん（仮名・30代）。萌さんには小学3年生の息子さんがいます。その子を連れて、卓也さんと結婚しました。

子どもは成長するにつれ、お金がかかるようになります。萌さんは、卓也さんにもっと稼いでほしいと思っていましたが、思うようにいきません。だんだんイライラして、ある日思わずこういってしまいました。

「結婚前、すぐ1000万円くらいまでいけるといっていたのに、なんで稼げないの⁉ もうちょっとがんばってよ！」

稼げない男だと、暴言を吐いてしまったのです。

やがて二人の関係がぎくしゃくし始めた頃、萌さんは私のほめ育を知ることになりました。私は萌さんの話を聞き、こうお伝えしました。

「あなたが、ご主人のことを稼げない男と思うのなら、それは事実でしょう。私も卓也くんを知っているからわかるよ。ただ、**相手に求めているのはお金なの？　相手を許せないのは共鳴するところがあるからじゃないかな。**萌さんも、ほめ育プログラムを始めてみない？」

こうして萌さんは、自分ほめのトレーニングを始めることになりました。

すると、「自分こそ、自分自身を認めていなかった」ということに気づきました。彼女が育ったご家庭はお金に困ることもあり、習い事に行きたくても行けなかったのです。その時悲しかった自分の感情を手当てできておらず、ずっと心のどこかに引っかかったままにしていました。そのことに気づいてからは、しっかり一日を振り返り、あらゆることに感謝しました。

すると、萌さんの感情はだんだん整ってきました。

卓也さんは感情の乱れもない、男前の男性です。前の旦那と違って暴言を撒《ま》き散らすこともありません。むしろこちらが悪態をついてしまい、それでも「がんばるから」と受け止めてくれるのです。まだ結果こそ出していないけれど、こんな優しい男性は滅多にいません。

そのように夫の見方が変化してきた萌さんは、「私も稼ぎます」と、近所でアルバイトをがんばり始めました。

すると、夫である卓也さんの収入が上がり始め、家族でご飯を食べにいくことも増えてきました。連れ子の息子さんも、卓也さんと仲良くなり、今は3人で仲良く暮らしています。

親子関係

「私はお母さんのようにはならない」とがんばってきて……

東京でカウンセラーをしている景子さん（仮名・40代）。

初めてお会いした時から、彼女はよくこんなことをいっていました。

「私が生まれ育った土地では、昔から、女性は大学に行くな、勉強するな、頭が良くなるとお嫁にいけないと育てられました。それが嫌で東京に来たのです。母のような人生は絶対嫌だ、という反骨心でがんばっています」

もちろん景子さんは、お母さんが娘の幸せを願うからこそ「女の子が勉強ばかりしてもいけない」といっていたのは理解しています。そして、お母さんは充分幸せだと思うものの、「私は母とは違う」という自負がありました。当然、親子関係もしっくりきてはいません。

やがて景子さんは、私のほめ育プログラムを受けることになりました。するとその直後に、新型コロナウイルス騒動が始まったのです。

カウンセリングのキャンセルが相次ぎ、仕事ができません。東京の高い家賃を払うのも苦しくなってきました。

ふと、実家のことが頭をよぎりました。あの地域は物価も安く、住みやすい。しかも実家から新幹線の駅も近いので、その気になればすぐ東京に行くことができます。

景子さんは、地元に帰ることを決断しました。

お母さんと暮らし始めると、いつか意見が衝突するのではと心配していました。しかし、自分ほめを実践していたおかげで、お母さんの価値観を否定する必要がまったくなくなっていることに気づいたのです。

「お母さんは、お母さんの考えで生きてきて、幸せになってよかったね。それはそれで認めるよ。でも私は私。私の考えも認めてね」

そういう考え方に変わっていたのです。景子さんは、真逆にいる母の考えを認められるようになりました。

お母さんは、今でも娘の道を応援しています。娘である景子さんも、そのことがわかっているから、地元に帰る決断ができたのです。

目詰まりを起こしていた親子関係がよくなると、景子さんの表情は明るくなってきました。今は地元で順調にビジネスをしています。

最近、結婚を考えているという景子さん。そう遠くない未来に、きっといい人と出会えることと思います。

ビジネス　自分を手当てし始めるとお金が回り始め……

礼子さん（仮名・40代）はエステサロンオーナー。経営者として、またトップエステティシャンとして活躍してきました。

お店では、香さん（仮名・30代）というひとまわり若い女性がナンバー2として頭角を現していました。10年くらい前から、礼子さんは右腕として頼りにしています。

しかし礼子さんにいわせると、香さんが「育たない」というのです。

実際、香さんはお店でもよく稼ぎ、成績もいい。しかし、そんな彼女も最近は調子が出ず、半年くらい成績が悪いようです。

オーナー社長である礼子さんは、私と会うたびに「あの子は全然だめ」と文句をいうようになりました。私は、「いつになったらその文句がなくなるのかな」と思っていたのですが、しばらく直りません。

お店では、私がほめ育の教育プログラムを指南しています。それとは別に、礼子さんは、自分のための自分ほめプログラムを始めることになりました。

トレーニングが進んでいくと、自分の感情こそが香さんを不調にさせていたのだということに気づき始めました。問題は弟子の香さんではなかったのです。

まず、礼子さんはお母さんとの関係がずっとうまくいっていませんでした。そして最近、10年間つき合った男性と別れたばかりです。さらに、結果を出してさまざまなところで活躍しているにもかかわらず、自分を認めたりほめたりしてきませんでした。

礼子さんは、いつもお客さんや経営者仲間を喜ばせるばかりで、自分のケアをしてきませんでした。だからエネルギーが枯渇してしまったのです。その空虚感を埋めるように、自分がいちばんかわいがっているお弟子さんに八つ当たりしていたのでした。

そこのことに気づいた礼子さんは、自分で自分をほめて手当てするようになりました。すると、それまでお金に余裕がなかったのが循環するようになりました。以前は、ほめ育プログラムに対する支払いを待ってほしいとお願いされることもよくあったのですが、最近は何も言わなくても、期日前に振り込んでくれます。

コンサル中の表情も明るく、感情もほとんど乱れません。「うまくいかないのはあいつのせい」といった文句が極端に減りました。そして、一番弟子の香さんはさらに活躍して稼ぐようになったのです。**問題を人のせいにしなくなると、しっかりお金が回り始め、同時にスタッフが成長することはよくあります。**

○スタッフがいい循環に入ると会社全体が上昇気流に乗る

サポートスタッフのみなさんが自分ほめを始めると変化が生まれ、それが私にも還元されるので、いつも自分ほめのすごさを実感しています。

数年前、カンボジアで寄付をしていた私は、日本でも寄付をしたいと思っていました。そんな中、ある出版パーティーで、秋田から来た女性に出会いました。秋田県は日本でもうつや自殺率が高い地域といわれています。もともと私は秋田県の方々に何かできないかと考えてもいました。

そこで彼女に「秋田県のために、私にできることはありますか？」と聞くと、「チャリティーセミナーはどうでしょうか」という話になりました。彼女がよく使っているセミナー会場近くに児童養護施設があり、セミナー後に施設でチャリティーを開催するアレンジをしてくれたのです。

以来、連絡を取り合っているうちに、彼女の聡明さや性格の良さ、高邁《こうまい》な精神を感じるようになりました。前任の秘書がプライベートな理由でちょうど辞めたタイミングだったため、私は彼女に引き継ぎをお願いできないかと考えました。

彼女はご主人と3人のお子さんと秋田で暮らしているので、私の拠点である大阪には来られません。ただ、私はリモートワークに慣れていたので、秘書がどこで仕事をしても関係ありません。彼女からも「今の仕事が落ち着いたらぜひ」と前向きな返事をもらいました。やがて準備が整い、秘書をお願いすることになりました。

彼女が秘書になってから、3か月ほど経ったときのこと。お子さんたちによく仕事の話をすること、そして私のことを自慢しているのだと教えてくれました。

「秋田にいても、世界とつながるすごい人と仕事ができるんだよ」

と話しているのだとか。私と出会って自分ほめを実践するうちに、彼女は笑顔が増え、自信がついて、収入も上がり、いいスパイラルに入ってどんどん上昇しています。

そんな彼女の働きのおかげで、私の煩雑な仕事もスムーズにいくのです。

もう一人のスタッフは、兵庫県に住む女性です。現在、私の海外スピーチの案件の場をつくってくれています。

もともと優秀なのですが、4人の子育て中で、フルタイムで働きたくても働けない状態。それでも収入を上げたいから、以前は、赤ペンチェックのバイトをしようか、料理の配達員をしようか、といっていました。正直、それは無理だろうと私は思いました。そこで、「自分の都合のいい時間でやってくれればかまわないから、私の仕事を手伝ってもらえませんか」と声をかけたのです。

私の仕事を手伝い始めたのをきっかけに、彼女も自分ほめを実践するようになりました。その結果、いいスパイラルに入り、おかげで私も海外スピーチのチャンスが増えたのです。

○ 自分ほめが続く7つのコツ

さて、ここまで自分ほめの効果について紹介してきました。上昇スパイラルに入っていった事例を読んで、少しずつ楽しくなってきていませんか？　本当に、毎日自分ほめをすると、びっくりするほど楽しい生活になりますよ。

さあ、ここからは、みなさんが自分ほめを始める番です。

とはいえ、多くの日本人は、ほめることに慣れていません。いったい何をどのようにすればいいのか戸惑う人もいるかもしれませんね。

そこでまず、自分ほめを続けるための7つのコツを紹介します。

これは、肩の力を抜いて、無理せず楽しみながら、自分ほめを続けるためのコツです。

誰しも最初はやる気いっぱいで、ともすればやりすぎることもあります。

確かに、始めるにあたって気持ちを高めることは大切です。しかし、最初に張り切ってがんばりすぎると、息切れしかねません。

何事も「続ける」ことが大切。「過ぎたるは猶及ばざるが如し」という言葉がありますが、これは自分ほめも同じ。「やりすぎ」は「やり足りない」ことと同じぐらい良くないのです。

イソップ童話の「うさぎと亀」も、足が速くてスタートダッシュしたうさぎではなく、歩みはゆっくりだけれど、休みなくじわじわ前進した亀が勝ちましたよね。

フルパワーで進むよりも、省エネでコツコツと進むほうが、長い目で見ると結果につながりやすくなります。

これから紹介するのは、そんな長続きのコツなのです。

［自分ほめが続く7つのコツ1］

○「振り返る」だけでもいい

自分をほめたことがなければ、人へのほめ方もわからない。そんな場合でも、身構える必要はありません。**実は「今日あったこと」を振り返るだけでも、自分ほめになるのです。**

今日はどんな一日でしたか？　何をしましたか？　きっと、たくさんがんばったはず。まずは、今日一日の出来事を振り返り、箇条書きにしてみてください。見える化すればきっと、「すごい！」「私、エラいね！」と、思わずほめたくなるはずです。

今は、誰もが忙しい時代。常に多くの仕事や用事を抱え、時間に追われています。するると「今日できたこと」ではなく、「明日の締め切り」や「来週しなくてはいけないこと」などのほうが気になって、振り返る余裕がありません。

でも、それはもったいないこと。がんばった自分に気づかないまま、前へ前へと進んでしまいます。

眠る前、手持ち無沙汰でついスマートフォンを見てしまうこともあるでしょう。その時間を使えばいいのです。一日のほんの少しの時間でいいですから、振り返りに使いましょう。自然と自分をほめたくなるはずです。

〔自分ほめが続く7つのコツ2〕
シンプルな言葉でいい

自分をほめるとき、難しい言葉はいりません。美しい文章である必要もありません。シンプルに「すごいね」「さすが」「えらい」といった言葉でいいのです。

大切なことは、自分に対してプラスの言葉をかけ、自分をほめるクセをつけること。**難しい言葉をひねり出そうとして長い時間を使うよりも、どんどん自分にほめ言葉をかけてあげることのほうが大切です。**

例えば、一日を振り返って今日の出来事を書き出したら、それぞれに簡単なほめ言葉を書いてみてください。「いつもより10分早く出社した」という出来事には「すごい！」、「常備菜を7品つくった」という出来事に「えらい！」と書いてみるのです。ほめ言葉のところにイラストを描いたり、シールを貼ったりしてもいいでしょう。

シンプルな言葉なら、自分ほめも簡単。楽しむための工夫を加えれば、自然と自分ほめが習慣になっていきます。

［自分ほめが続く7つのコツ3］
◯まずは「1日1ほめ」でOK

理想は、たっぷり自分ほめができるようになること。ですが、最初から順調に自分をほめられる人はあまりいません。

最初は「1日1ほめ」で充分。**何か一つでもほめることができたなら、それで良しとしましょう。**

例えば「いつもより鏡をピカピカに磨いた。よくやったね！」「初対面の取引先と、すごくいい笑顔で挨拶ができた。がんばったね！」など、どんなことでもいいのです。

不思議なことに、1日1ほめができるようになると、自然と1日2ほめ、3ほめと回数が増えていきます。なぜなら美点凝視ができるようになるからです。

美点凝視が習慣になれば、どんどんほめる材料が増えてきます。人間はどの焦点で物事や人を見るかによって、人生が大きく変わるのです。そのためにもまず「1日1ほめ」を始めましょう。

○ [自分ほめが続く7つのコツ4] どんな小さなことでもいい

誰でもほめるところだらけ。がんばっていない人なんていません。〝ほめるメガネ〟をかけているつもりで、自分の行動を見てください。自分をほめる材料はたくさんあります。

ほめる材料といっても、「並外れて優れていること」や「誰もが感動するようなすごいこと」である必要はありません。**自分では取るに足らないと思うような、小さなことでかまいません。我慢したことや人に気遣いしたことも、ほめるべきことなのです。**

例えば、大量の仕事を抱えて大変そうな同僚に「何か手伝おうか?」と声をかけたなら、それだけでも立派なほめる材料です。そして、気難しいと評判の自治会長さんに笑顔で挨拶したなら、それも自分をほめる材料です。

今日から「自分にほめるところなんてない」という発想は、捨て去ってしまいましょう。ほめるメガネをかけて過ごしたら、どんどん材料が見えてくるはずです。

【自分ほめが続く7つのコツ5】
○リラックスできる環境でほめる

自分ほめをするときに、ちょっとだけこだわってほしいことがあります。それは、**リラックスできる環境でほめるということ。**

何をするにも環境は大事です。どんなに意欲があっても、騒がしい場所では勉強には集中できませんよね。自分ほめも同じ。リラックスできる空間で自分ほめすることが、スムーズに自分ほめするための大事なポイントです。

ぜひ、自分だけのリラックススペースを見つけてください。自宅ならどの場所が落ち着くでしょうか？　リビングでも寝室でも、どこでもかまいません。お風呂場でも良いでしょう。好きな音楽をかけたり、好きな香りで部屋を満たしたりするのもいいですね。

もちろん自宅だけとは限りません。店や自然の中でもいいのです。私は雰囲気のあるカフェで窓の外の素敵な景色を眺めていると、穏やかな気持ちで自分ほめができます。あなたにもお気に入りのカフェはありませんか？

海の近くに住んでいるなら、海が見えるベンチも良いでしょう。桜が咲いているときは、桜が見える場所で自分ほめをするのもおすすめです。

〔自分ほめが続く7つのコツ6〕
不平不満があれば、とにかく手放す

自分をほめたいと思っているのに、なぜか気分がのらない、ほめる言葉が出てこない、むしろ気持ちがマイナスに向いてしまう……そんなときは不平不満を抱えているのかもしれません。無理に自分ほめをしようとしても空回りしますから、**まずは不平不満を手放してしまいましょう。**そうすれば、また自然と自分ほめができるようになります。

まず考えられるのは、誰かに話を聞いてもらってすっきりする方法です。でも、第三者には言いにくいこともありますよね。であれば、iPhoneやiPadに搭載されているバーチャルアシスタント「Siri」や、スマートフォンの「Googleアシスタント」を相手に不平不満を言うのも良いでしょう。あるいは、紙1枚に思っていることを書いて、自分で俯瞰して見てみる方法もおすすめです。

紙を1枚用意してください。腹が立っていること、うまくいかずイライラしていること、どうしても許せない人、その人が言ったセリフ……ひたすら書いてください。誰にも見せませんから、何を書いてもかまいません。そして、書いて書いて書きまくったら、その紙をビリビリに破いてください。

研修でも、ごみ袋を回してビリビリに破いた紙を入れてもらいます。「どうでしたか?」と聞くと、みなさんが晴れやかな顔で「すっきりしました」と言います。

悩みは、可視化するだけで8割はなくなります。脳の中にすっぽり入っている悩みを、外に出してあげることが大事なのです。

すると不平不満が消えてすっきり。また自分ほめできる状態に戻っているというわけです。

［自分ほめが続く7つのコツ7］

自分にご褒美をあげる

疲れてヘトヘトだったり、心が枯れていたりすると、自分をほめる元気が出ないもの。**自分にご褒美をあげることも、自分ほめを続けるためのコツです。**

ご褒美といっても、高価なブランド品を買ったり、高級レストランに食べに行ったりする必要はありません。なぜならお金や時間がかかるものをご褒美にしてしまうと、回数を重ねることが難しいから。できるだけたくさん自分にご褒美をあげる。これが大切なことなのです。

例えば、「美容院に行ってヘッドスパをする」「デパ地下でケーキを大人買いする」「金曜夜はシャンパンで乾杯する」「好きなドラマを撮りだめしておいて一気に見る」などさまざまなご褒美がありますね。

ちなみに私はお笑いが好きなので、お笑い番組を見ることが自分へのご褒美になります。東京出張を終えて関西に戻るとき、新幹線の中で京都までは一生懸命仕事に取り組み、新大阪に着くまでの20分間はリラックスして、お笑い番組を見ることにしています。

「ちょっと疲れたな」と思っていても、自分へのご褒美が待っていると思うと不思議とがんばれるものです。ご褒美があるからがんばれる。がんばるから、また自分ほめの材料が増える。そんな良いサイクルが回るようになります。

第 3 章

幸せを呼ぶ「自分ほめカレンダー」で1日1ほめ

○自分ほめカレンダーとは？

自分ほめカレンダーとはその名の通り、自分ほめをするための、ほめ育オリジナルのカレンダーです。『自分ほめ』を始めたことをほめる」「鏡を見て『ステキ！』という」「遅刻しなかったことをほめる」など、日々、何かしらをほめるようにデザインしてあります。書かれていることを実践するだけなので、迷う必要がありません。

自分ほめカレンダーでは、10日を一つの段階とし、3つのステージに分けています。

（1）日常をほめて、気分を上げる10日間
（2）人生の経験をほめて、自己肯定感を高める10日間
（3）将来につながる行動をほめて、幸せを引き寄せる10日間

この3段階を順に実践することで、自分ほめが一通りできるようになります。**徐々に、幸せになるための負荷をかけていく感覚です。**

自分ほめが習慣化していくと〝成長欲〟とでもいうのでしょうか、「もっと楽しい人生を送りたい」という欲求が出てきます。刺激になる自分ほめをしたいと思うようになるのです。

本当は1日分ずつ進んでほしいのですが、もしできなければその日は休んでもかまいません。翌日に2日分まとめて実践しても良いのです。じっくり丁寧に1年間かけて全項目をクリアしてもいいですし、同じことを毎月やってみてもいい。

「ねばならぬ」ではありません。忘れてもいい、抜けてもいいから、思い出しながらやってみてほしいのです。

※「自分ほめ」カレンダーはサイトからダウンロードもできます。巻末をご覧ください。

1

「自分ほめ」を始めたことをほめる

新しい行動を起こすことは、停滞した運気に風穴を開けます。この「自分ほめカレンダー」を始めた自分を「エライ！」とほめましょう。

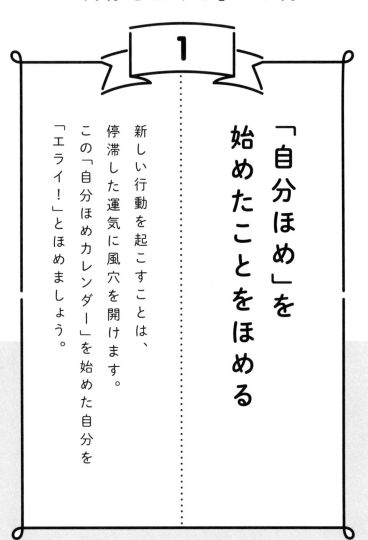

自分ほめをやってみようと思い、カレンダーを壁に貼った。それだけでも大きな一歩、充分なほめる材料です。「楽しみだね。スタートしてエライ！」「まずやってみよう、という精神がすごい」とほめてあげましょう。

スタートするのは、とてもエネルギーのいること。なぜなら人間の脳は、変化が苦手だから。そんな苦手なことを振り切ってスタートさせたのですから、たっぷりほめてほしいのです。

何事もスタートを切らなければ、ゴールには近づきません。逆にスタートを切ればその日から、ゴールへのカウントダウンが始まります。

最初はゴール到着まで、途方もない距離だと思うかもしれません。でも、越えられない壁はそもそも現れません。一歩一歩進めることにより、ゴールが見えてくるのです。しかも初動が早ければ、結果も早くついてくるということ。

あなたは「自分ほめ」を始めました。結果への第一歩です！

2

鏡を見て「ステキ！」という

自分をうまくほめるためには、
自分と向き合うことが大切です。
鏡に映る自分の目を見て、
「ステキだね！」と声に出していいましょう。

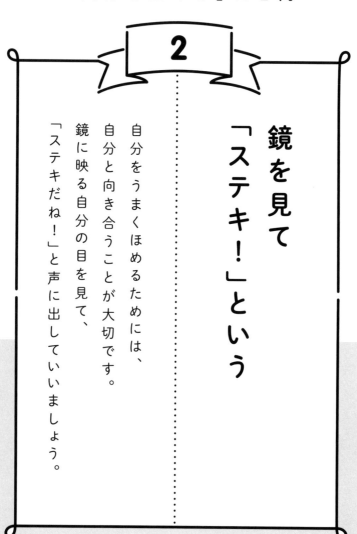

化粧するときや歯を磨くとき、外出前に身だしなみを整えるときなど、一日のうちで鏡を見るタイミングは何度もありますね。実は、鏡を見る時間も自分ほめにぴったりなのです。鏡に映る自分の顔、特に目をしっかりと見て、「目がパッチリ開いているね！」「お肌もツヤツヤでステキだよ」と声をかけてあげましょう。

私が営業マンだった頃、とある先輩から鏡の定義を教わり、そのフレーズをラベルプリンターで打ち出して、自宅の鏡に貼っていました。

その定義とは、**「鏡は笑顔製造機」**。

毎日鏡に向かって、ニッと笑顔をつくってから、営業に行っていました。すると、「いつも原くんは笑顔だね！　なんでそんなに明るいの?」と話が弾むのです。冗談まじりで「原くんに営業されたら、なんでも買っちゃいそうだよ」といわれたこともありました。

「自分と向き合いましょう」といわれても、慣れないうちは難しいものです。だからまずは、鏡が笑顔をつくる機械だと思って笑顔をつくり、「ステキ」といってみる。そこから始めてみませんか？　習慣化したとき、あなたは本当にステキになっているはずです。

3

遅刻しなかったことをほめる

会社でも、友人との待ち合わせでも、ゴミ出しの時間でも、決められた時間に遅れずに行動できた自分を「スゴイね！」とほめてあげましょう。

時間を守って行動するには、段取りを組まなくてはなりません。何時に何をするのか、必要な準備は何か、考える必要があります。

しかし、どんなに段取りよく進めていても、想定外のアクシデントは起こります。対応に追われて時間がギリギリになることもよくあるでしょう。

そんな中、汗だくになりながら現場に駆けつけてなんとか間に合った……などということはありませんか。それはもう充分ほめていいことです。

段取りを組む、想定外の出来事にも柔軟に対応する、遅れそうになってもベストを尽くす。今日のがんばりを思い出してみてください。

出社や待ち合わせに遅刻しなかった、期限までに書類を提出できた、決められた時間にゴミ出しできた。些細なことに思えるかもしれませんが、けっして当たり前のことではありません。時間を守れた行為の陰には、そのためのたくさんの段取りとがんばりがあるからです。それらを一つひとつ思い出してほめてあげてください。

今日の「自分ほめ」は、自分との信頼関係を築くスタートになります。

4

朝、爽やかな挨拶をする

朝を明るくスタートすると心が柔軟になり、自分のいいところを見つけやすくなります。

家族、ご近所さん、職場の人に、朝、爽やかな挨拶をしましょう。

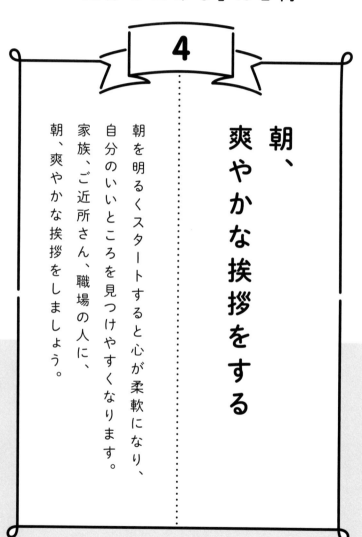

朝を柔らかな心でスタートできたら、きっといい一日になるでしょう。

そのための第一声が、「おはようございます！」という挨拶です。「気持ちいい朝ですね」「今日も張り切っていきましょう」という気持ちを込めて、家族やご近所さん、職場の仲間に爽やかな挨拶をしましょう。

挨拶とは、【挨】自ら心を開く、【拶】近づく、という二つの漢字が組み合わさった言葉。つまり**自ら心を開いて近づくことが、そもそもの挨拶**の意味なのです。

「おはよう」ということだけが挨拶ではありません。ましてや、相手が「おはよう」というから「おはようございます」と応じる、それも本来の挨拶ではありません。

目線を合わせ、アイコンタクトをし、声のトーンも爽やかな風が吹くように。そのように意識することで、心を近づけていくことが挨拶です。

爽やかな挨拶は、親近感や好意を生み出します。そして「あの人、感じが変わったね」といわれやすくなります。心が近づく挨拶をしてみる。そして、いい挨拶ができた自分をほめる。今日はそんな一日です。

5

キビキビと歩いたことをほめる

自分をほめる理由は、日常のいたるところにあります。
例えばキビキビ早足で歩くことは、効率面でも、健康面でも良いことです。
キビキビと歩いた自分をほめてあげてください。

大切な家族のためにがんばっているときや、仕事に張り合いを感じているときなど、きっと気づけばキビキビと歩いているはず。早足で歩くことで、時間を有効に活用できますし、有酸素運動にもなるので健康面にプラスに働きます。ぜひキビキビと歩けた自分をほめてあげましょう。

ちなみに、売れている営業パーソンは早足です。逆にダラダラと歩いている人で結果が出ている人はあまりいません。**キビキビと歩いたほうが頭の回転が速くなり、目的地にも早く到達する**からです。

背筋をピンと伸ばし、颯爽と歩く女性を見たら、何だかかっこいいなと思いませんか？　今日はいつもより、キビキビと動いてみましょう。そして「今日はたくさん動いた！　精一杯行動したね。よくがんばったよ」と、自分をほめてくださいね。

6

後回しにしていたことをする

面倒なことを先延ばしにしたままだと、
前進できません。
後回しにしていたことを済ませて、
終わったら自分に
「すばらしい！」と声かけをしてあげてください。

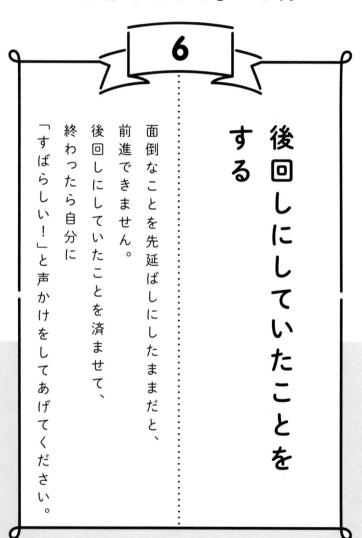

忙しい毎日を過ごしているとつい「明日やろう」「後で決めよう」と、行動や決断を後回しにしがち。「ちょっと待って、後でやるから」と思っているうちにそれきりになってしまうことの何と多いことか。

だからこそ、惰性に引っ張られずにその場で行動できれば、それはほめるに値します。たとえば「すぐにメールの返事をした」「目についた汚れをすぐキレイにした」など、そんなときは「すぐ行動できたね。すごい！」と自分をほめてあげましょう。

「とにかく動いてみる」という習慣はとても大切。用事はどんどん入ってきますから、その前に動くことです。すきま時間でかまいません。掃除も5分、3分でいい、電話しながら手の届く範囲をちょっと拭くだけでもかなり違うのではないでしょうか。

もちろん、明日やそれ以降でないとできないこともありますし、あえて1か月寝かせたほうが良い場合もあります。しかしまったく手をつけないのは得策ではありません。**今すぐ15%だけでも進めておきましょう。すると潜在意識が考え続けてくれるので、結果的に時間短縮につながります。**

先手先手で考える習慣をつけると、時間マネジメントもうまく回るようになります。

「忙しい」がなくなると、大量の仕事も充実に変わっていきますよ。

7

スキップして笑顔をつくる

悩みや不安があると
自分をほめにくくなりますが、
体を動かしているあいだ、それらは消失します。
スキップして笑顔をつくりましょう。

郵便はがき

料金受取人払郵便

牛込局承認

8036

差出有効期限
令和5年5月
31日まで

162-8790

東京都新宿区揚場町2-18
白宝ビル5F

フォレスト出版株式会社
愛読者カード係

フリガナ お名前	年齢　　　歳 性別（ 男・女 ）
ご住所 〒 ☎　　（　　）　　FAX　　（　　）	
ご職業	役職
ご勤務先または学校名	
Eメールアドレス メールによる新刊案内をお送り致します。ご希望されない場合は空欄のままで結構です。	

フォレスト出版の情報はhttp://www.forestpub.co.jpまで!

フォレスト出版　愛読者カード

ご購読ありがとうございます。今後の出版物の資料とさせていただきますので、下記の設問にお答えください。ご協力をお願い申し上げます。

● ご購入図書名　「　　　　　　　　　　　　」

● お買い上げ書店名「　　　　　　　　　　」書店

● お買い求めの動機は?

1. 著者が好きだから　　2. タイトルが気に入って

3. 装丁がよかったから　　4. 人にすすめられて

5. 新聞・雑誌の広告で（掲載誌誌名　　　　　　）

6. その他（　　　　　　　　　　）

● ご購読されている新聞・雑誌・Webサイトは?

（　　　　　　　　　　　　　　）

● よく利用するSNSは?（複数回答可）

☐ Facebook　☐ Twitter　☐ LINE　☐ その他（　　　　）

● お読みになりたい著者、テーマ等を具体的にお聞かせください。

（　　　　　　　　　　　　　　）

● 本書についてのご意見・ご感想をお聞かせください。

● ご意見・ご感想をWebサイト・広告等に掲載させていただいてもよろしいでしょうか?

☐ YES　☐ NO　☐ 匿名であればYES

「人はスキップしながら悩めない」という言葉を聞いたとき、私は「なるほど!」と思いました。確かに、スキップしながら暗いことは考えませんね。

感情と行動は連動しています。スキップをして明るく弾んだ気持ちになると、自然と嫌なことは忘れ、楽しい気持ちになります。ぜひスキップして笑顔をつくり、〝自分ほめしやすい状態〟にしましょう。

私は移動中、ほとんどスキップしています。人生や仕事が楽しくてたまらない。そんな状態に自分でもっていくのです。

やはり、悩んでいる人はトボトボと歩いています。スキップするように弾んだ歩き方をする人は楽しそうだし、実際に私のように「悩んでいるヒマなんてない!」というくらい、人生が充実しています。

悩みがあっても、まずはスキップしてみてください。弾むような行動が、感情も弾ませてくれます。しばらくスキップすれば、もう大丈夫。また自分ほめできるあなたに戻りますよ。

8

体に良い食事を摂ってほめる

毎日がんばってくれている体のために、体が喜ぶ食べ物を食べましょう。健康的な食事をしたら、そんな自分をほめつつ、体に感謝をしましょう。

食事はとても大切です。なぜなら、私たちの体は自分が食べたものでできているから。体は、1年365日がんばってくれています。だからこそ、体が喜ぶ**健康的な食事をしたいですよね。**

健康的な食事には、糖質制限やマクロビオティックなど、さまざまな食事法があります。合うものは人それぞれ。「これが正しい」という基準はありません。だからこそ食に関する知識を身につけ、自分に合った食事法の実践をおすすめします。

今日は、体に良い食事をして、自分をほめ、体に感謝する日です。

私はここ数年、トライアスロンの大会に出るために、より健康的な食事を心がけています。夫婦で同じトレーニングジムに通っているので、トレーナーが教えてくれる食事法を実践。体重を落とすために糖質と油を控えています。すると外見が見違えるほどすっきりし、体が軽くなって楽になりました。

時には食欲を抑えられないこともあるでしょう。そんなときはしっかり食べて、次の食事から控えていく。我慢できた日は「辛抱できてエライ!」と自分をほめてあげてください。

9

人のいいところを見つけてほめる

人のいいところを認めてほめると、
自分自身のこともほめやすくなります。
相手を直接ほめてもいいですし、
その場にいないところでほめてもかまいません。

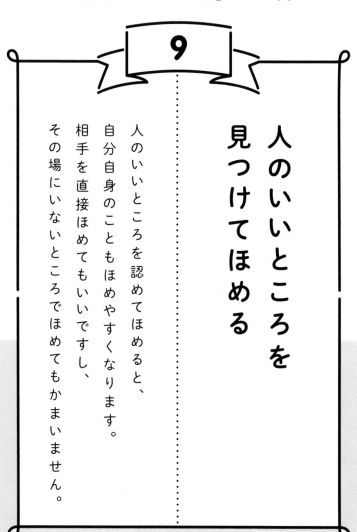

「○○さんってすごいね！」「○○さん、さすがだね」と人をほめていると、不思議なことに「私だってがんばってるよね」と、自然と自分もほめられるようになります。

脳は自分と他人を区別しません。人のいいところを認めてほめると、脳は「自分がほめられている」と認識するようになります。

欠点を探し始めたらキリがありません。そうではなくて、**ほめるところにフォーカスすると、美点が見えてきます。すると自分にもその光が当たり、いいところが見えてくるのです。**これが美点凝視です。

「○○さんに美点なんてあるのかな？」と感じる相手もいるかもしれません。大丈夫！　誰にでも必ず美点はあります。もし美点がないと感じるなら、ただ見つけられていないだけ。必ず見つかります。

ぜひ試してほしいのが「○○さんのいいところって、どこかな？」と、脳に質問を投げかけること。脳はお題を投げかけられると、〝いいところ探し〟を始めます。

最初は答えが見つけられないこともよくあります。でもそこから脳がグルグル検索し始めれば、充分なトレーニングができています。まずは「検索」することが大切。

今日はたくさん検索して、たくさん人をほめる日です。

10

「いい日だった！」と いって寝る

一日の終わりを幸せな気持ちで締めれば、
翌朝もハッピーな気持ちでスタートできます。
「いい日だった！」と声に出し、
笑顔で就寝しましょう。

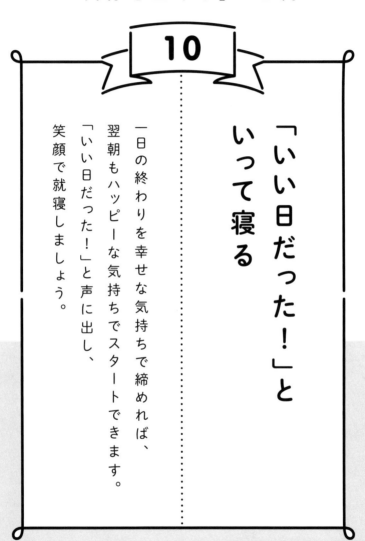

朝のスタートだけでなく、いい一日の終わり方も大切です。

たとえば表彰されたり、誕生日にみんなからお祝いしてもらったり、そんな日はもちろんいい日だったと思えます。けれども、そんな特別な日ばかりではありません。

仕事で失敗した、友達とケンカした……そんな出来事があったとしても、「今日もいい日だった」と声に出して寝ると、次の日には気持ちが軽くなっています。というのも、**寝る直前に「いい日だった」と声に出すことで、眠っているあいだも「いい日だった」という言葉が潜在意識のなかで繰り返されるからです。**

逆もまたしかり。寝る直前に「今日も最悪だった」「あの人のせいでひどい一日だった」などとつぶやいてしまうと、その言葉が脳の中をグルグルと回り続けます。朝起きたらスッキリするどころか、体も心も重い……そんな状況が待っています。

「いい日だった！」とつぶやいて、さわやかな朝を迎える。「今日も最悪だった」とつぶやいて、疲れを引きずる。どちらがいいかは、はっきりしていますよね。

たとえ失敗しても、「よく挑戦したね」「今日はいい日だったね」と終わらせて寝る。

さぁ、今日も「いい日だった！」と声に出し、笑顔で就寝しましょう。

11

寝る前に一日の行動を思い出す

多忙な日々は、
自己を振り返る時間なく過ぎていくもの。
寝る前、その日の朝からの行動を思い出し、
その日がんばったと思うことをほめましょう。

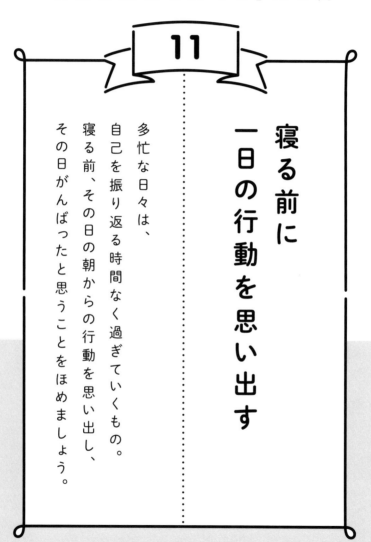

11日目からは、自己肯定感を高める10日間に入っていきます。がんばってない人なんていません。それが私の信念です。努力が結果に結びつかなかった日も、ミスをしてしまった日もあるでしょう。でも誰もが、精一杯がんばって、その日を終えているはずです。

しかし、毎日忙しく過ごしていると、自分を振り返ることを忘れがちです。朝起きてから、何をしたのか、どこに行き、誰に会ったのか、どんなことがあったのか。今日は寝る前に、それらを一つずつ思い返してください。まるで、一日の行動を録画して、早送りで見るように……。

「会議で意見をいえた」「そうそう、会議が始まる前に、自分から苦手な人に挨拶できた」「そうだあの後、落ちているゴミも拾ったんだ」……不思議なことに、一つ思い出すと芋づる式に、あれもこれもとほめることが出てきます。

その感覚をつかめたら、しめたもの。あなたの人生はもう、ほめる材料だらけです。

「今日一日の自分にMVP賞をあげるとしたら、何かな？」という視点で振り返るのもおすすめです。他にも「仕事も家事もばっちりで賞」「笑顔・気遣いばっちりで賞」など、その日の自分にピッタリの賞を試してみてください。

12

この1か月のがんばりを書く

この1か月を振り返って、がんばったと思うことを書き出しましょう。どんな小さなことでもOK。そして「よくがんばった!」と自分をほめてあげてください。

11日目で、一日の振り返りをおこないました。今日は範囲を広げて、ここ1か月を振り返ってみましょう。

「今月もあっという間だった」と感じることはありませんか？　それは、がんばっていることの何よりの証拠。一日一日を懸命に駆け抜けているから、1か月をあっという間に感じるのです。

きっとがんばって続けてきたことがたくさんあるはずです。たとえば「寝る前のストレッチを毎日続けられた」「無理だと思っていた仕事の目標が達成できた」。出てきた一つひとつに対して、「よくがんばった！」と自分をほめてあげましょう。

この1か月であなたは成長し、あなたを取り巻く状況も大きく変わっています。きっと目の前のことを精一杯、コツコツ続けてきたはず。振り返って、たっぷり自分をほめてあげましょう。

13

この5年間のがんばりを書く

5年間でがんばったと思うことを書きましょう。
そして「よくがんばった！」とほめてあげてください。
5年だと考えづらい人は半年や1年でもOK。

さらに振り返る期間を広げます。次は5年間のことを振り返って、がんばったと思うことを書き出してみましょう。5年だと長すぎるという場合は、直近の半年や1年でもかまいません。書き出して、「よくがんばった!」とほめてあげてください。

多くの人にとって5年前というと、ずいぶん前の感覚です。何があったのか、ほとんど思い出せないのではないでしょうか。

Facebookを利用している方なら、5年前の写真が表示されるのを見たことがあるはず。「そうか、5年前は引っ越し先が決まらず、毎週のように物件探しをしていたんだっけ」といったように、たった5年前のことでも遠く感じるかもしれません。

私も、5年前のことはほぼ覚えていません。ただ、写真を見たら、あの時がんばった記憶がよみがえります。

余裕があれば、さらに**10年前、20年前と、さかのぼっていくと、自分がいかにがんばってきたかが実感できるはずです**。

14

過去に我慢したことをほめる

これまでの人生を振り返り、
我慢したと思うことは何ですか？
その時の自分に対して、
「よく我慢した！　エライ！」とほめましょう。

心ないことを言われても言い返さなかった。ストレートに文句を言いたいのを、タイミングや相手の気持ちを考えて伝え方を工夫した。もたつく子どもを叱らずに堪《た》えて見守った。このように、誰しもグッと我慢したことがあるはず。

今日はこれまでの人生で我慢したことを思い出し、自分をほめてあげる日です。私は我慢した自分をかなりほめます。なぜなら「いい我慢」をすると粘る力が身につくから。粘る中で大切なことが見えてくるのです。

たとえば、日中の出来事を思い出すとだんだん腹が立ってきて、夜中に怒りのメールを送る経験は誰しもあるでしょう。しかし、どんなに腹が立っても一晩寝れば意外と冷静になります。「そんなに大したことではなかったな」と思うことも少なくありません。しかし、夜中に文句のメールを送りつけてしまっていたら、事態をかなりこじらせてしまうこともあります。

感情がたかぶった時は静観し、気持ちが落ち着いて、「やはりこれは大事なことだから相手に伝えたい」と思えば連絡する。これはいい我慢であり、人間関係を損なうことなく、物事を改善していくことにつながります。

いい我慢ができた時は、ぜひ自分を思い切りほめてあげてください。

15

うれしく思った言葉を思い出す

過去に人に言われてうれしかったこと、
もしくはほめられたことを思い出しましょう。
最近のことでも、
子どもの頃のことでもかまいません。

幼い頃に幼稚園の先生から「いつもお友達にやさしいね」とほめられた、社会人になって懸命にがんばっていたら、先輩から「いつも細かいことに気づいてくれてありがとう。フォロー助かるよ」と言われてうれしかった。きっと人生で、人にいわれてうれしかったことや、ほめられたことがあるはずです。思い出してみてください。

自分の脳に良い思い出を蓄積していくことは、自己肯定感と自信をつけていくコツ。

でもなにぶん、人間は忘れる動物。ときどき意図的に良い思い出を記憶から引っ張り出さなくては、記憶の底に眠ったままになってしまいます。

定期的に振り返ることは、必ず自信をつけるための材料になります。そして自己肯定感も、おのずと高くなっていくのです。

16

自分のすごさを認めてあげる

自分のスゴイと思うことを「スゴイ！」と認めてあげましょう。健康であること、努力家であること、どんなことでもOKです。

あなたには、どんなすごいところがありますか。たとえば「いつも健康を気遣っていて、この10年間はお医者さんにかかったことがない」「どんなに残業で遅くなっても、英語の勉強を5年間休まず続けている」など、どんなことでもかまいません。

私は今、ほめ育を海外に広めるという挑戦をしていますが、これは、高い英語力や自己肯定感、良好な人間関係など、さまざまな条件が揃《そろ》わなければ達成できません。だから「自分はできるんだ」「絶対目標に達することができる」という自信を持つために、「こういうことができた」「こんなこともできた」というエビデンスを積み重ねています。すると、どんなことがあっても〝できたこと〟の積み重ねがあるから自信は揺らぎません。

あなたにも必ず誇れるところがあるはずです。行動している自分や達成している自分を探し、認めてあげましょう。

17

自分のステキさを認めてあげる

自分がステキであることを「ステキ！」と認めましょう。ステキな趣味や好きなこと、センス、気遣いできたことなど、どんなことでもかまいません。

「笑顔に癒される」「一緒にいるとホッとする」「手先が器用」……自分では大したことないと思っていても、なんとなく人からほめられることはありませんか。

あるいは、誰にもほめられたことはないけれど、密かに「私のステキなところ」と思っていることもあるはず。「おしゃべりは得意ではないけれど、人の話を聞くのは苦じゃない」「冷蔵庫にあるものでおかずをさっと一品作れてしまう」など、自慢するほどではないけれど、唯一無二の才能が、掘り起こせば必ずあります。

今日やることは、まず「自分のステキなところはどこかな」と、自分に質問することです。恥ずかしがることはありません。

そして、**周りの評価も関係ありません。**あなたが、あなたを「ステキ！」だと思えたら、それでいい。自分で自分を認めてほめてあげてください。

18

助けてくれた人を思い出す

人生を振り返り、自分を助けてくれたり、
世話してくれたりした人を
思い出してみましょう。
家族や先生、友達など誰でもかまいません。
そして心の中で感謝をします。

人は一人では生きられません。困ったときに的確なアドバイスをして助けてくれた友達、仕事で行き詰まっているときに助け船を出してくれた同僚……きっとあなたを助けてくれた人や世話してくれた人がいるはずです。

家族はもちろん、自分の人生にこれまで関わってくれたさまざまな人々を思い浮かべ、助けてくれたときのことを思い出してください。そして心の中で「○○さん、あのときは夜遅くまで仕事を手伝ってくれてありがとう」「○○先生、あのときのアドバイスのおかげで、迷わず自分の道を進めています。本当にありがとうございました」と感謝するのです。

助けてもらったこと、世話をしてもらったこと。**一つひとつ思い出し、感謝することで、あなたの心も整うはずです。**

19

自分の成長した部分をほめる

幼い頃から今までのあなたを振り返り、
よく変化した部分はどこですか？
成長した自分に対して、
「成長したね！」とほめてあげましょう。

あなたが成長した部分はどこでしょうか？　あまり考えたことはないかもしれませんが、今までの人生を振り返って、特によく変化した部分を思い起こしてみてください。「資格をとったことで、仕事の幅が広がった」「子どもが生まれてから、家事のスピードが上がった」……その変化があなたの成長です。成長した自分に対して「成長したね！」とほめてあげましょう。自分で自分の成長をほめることで、揺るぎない自信がつきます。他人からの評価が、あくまでプラスアルファになるのです。

もしかしたら、「私は全然成長していない……」と思う人もいるかもしれませんね。でも、大丈夫。なぜなら**人は、1日1ミリは成長する生き物**だから。

一日が過ぎたということは、一日進んだということ。そう、あなたはちゃんと進んでいます。今日という一日の中には、さまざまな出来事があり、大小乗り越えた事実があるはず。一日でも成長するのですから、幼い頃から今までを振り返れば、その成長は膨大だと気づくでしょう。

思い出す習慣は大切です。今日はしっかりと振り返りましょう。アルバムや日記、手紙などを見ながら振り返ると、より気づきやすくなるかもしれませんね。

20

今、がんばっていることを書く

過去のがんばりがあって、成長した今があります。
そして、今のがんばりは、
将来の成長につながります。
今がんばっていることを書き出してみましょう。

たくさんの点がつながれば、線になります。私たちの人生も同じ。たくさんの**「今」がつながることで、「人生」という線をつくり続けています。**過去と今、そして未来。すべては人生という線でつながっているのです。

過去のがんばりがあったから、今のあなたがいます。そして、今がんばっていることが、あなたの未来をつくるのです。今どんなことをがんばっていますか？　ぜひ書き出してみてください。

大事なことは「今」に集中すること。私自身も耳が痛い話ですが、人はすぐ次のこと、未来に意識がいきがちです。そして、本当に大事にすべき目の前の「今」をおろそかにしてしまうのです。

今を大事にできなければ、未来への線はうまく描けません。だから今ここに全集中することが大切なのです。

21

悩みをすべて書き出す

今抱えている悩みをすべて書き出し、
見える化をしましょう。
そしてその悩みを解決するために、
まず何ができるかも書いて、
頭を整理しましょう。

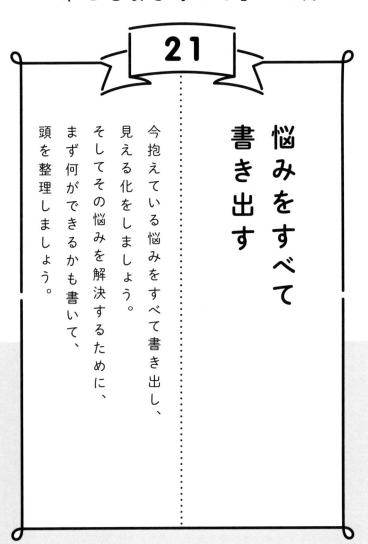

21日目からは、「将来につながる行動をほめて『幸せを引き寄せる』10日間」が始まります。その第一歩として、今日は悩みにフォーカスしましょう。

悩みは、人を小さな囲いに閉じ込めて、身動きできなくします。そこで、悩みをいったん書き出します。客観的になると、囚われの身からひとまず囲いの外へ出ることができます。一説によると、悩みは書き出した時点で8割は解消されるそうです。

悩みを書き出したら、今度はインターネットで検索するのです。「慢性的に疲労し、安眠できない」という悩みを書き出したとしたら、「慢性疲労・安眠」などのキーワードが見えてきます。そのままインターネットで検索すれば、食事やサプリメント、睡眠法など、さまざまな対策方法や専門家が見つかるでしょう。

今度は、それを行動に移します。ネットの記事や動画、書籍を参考にしてみる。専門家を見つけて相談してみる。それでもダメなら、キーワードを変えて検索してみる。この繰り返しによって、現状を変化させていくことができるのです。

悩みとは鬼ごっこのようなもの。悩みという鬼は、止まっている人を捕まえようとします。精一杯動いている人には、鬼は追いつけません。

22

今日やりたいことを書き出す

今日やりたいことや、するべきことを、朝、紙に書き出します。
そして一日の終わりに、できたことをほめましょう。
できなかったことは、気にしなくてかまいません。

22日目からは、結果が出るように動いていきます。

結果が出る人は、「wants《ウォンツ》」（自分が本当にしたいこと）で動いています。でも、結果が出ない人は、「needs《ニーズ》」（やる必要のあること）や、「must《マスト》」（やるべきこと）ばかりで動いています。**ウォンツで動けていない人が多いのです。なぜかというと、「私がしたいことは何？」「一体私はどうなりたいの？」という質問を自分にしていないから。**

だから今日はまず、今日という日を使って何をしたいのかを考えて、書き出しましょう。そして、目につくようにしてほしいのです。常に目に入る場所に貼ったり、スマートフォンの待ち受け画面にしたり。一日の間に何度も自宅を出入りするなら、玄関ドアに貼っておくのもおすすめ。目につくたびに、「そうだ、私はこれがしたいんだった」と思い出せます。

一日が終わってみて、実行できたなら思い切り自分をほめましょう。でも、実行できていなくてもかまいません。少なくとも「したいこと」を意識して、実行しようとがんばった。それで充分。また明日がんばれば良いのですから。

23

90日以内にやりたいことをリスト化

90日以内にやりたいこと、やるべきことを書き出し、リスト化しましょう。
そして、90日後のやり終えた自分を想像し、先にほめてあげましょう。

23日目からは目標設定に入ります。90日以内に達成したいことを書き出しましょう。

そして、達成した自分を想像してほめるのです。

ここでカギを握るのが、90日という日数。**90日は約3か月。一つの物事を続けやすく、結果を出すのに、長すぎず、短すぎず、ちょうどいい期間なのです。**

リスト化したら「未来投稿」するのも良いでしょう。未来投稿とは、私がよく使う手法なのですが、目標を決めた段階で、Facebookやtwitterなどに、「夢が叶《かな》った」と投稿してしまうのです。未来投稿すれば、もう実現したことと同じ。先に投稿することで、その未来を自分に慣れさせるのです。

すると、実行したときの感覚が自分の中に芽生えて、行動の質が変わります。たとえば、高校受験や大学受験の経験を思い出してみてください。「絶対にこの学校に通いたい！」と思える憧れの学校で過ごす自分、その学校の制服を着ている自分を想像したら、自然とがんばれたのではないでしょうか？

自分が具体的に変わっていく第一歩として、90日間のプランニングをしましょう。

そして、達成できた自分を想像して、先にほめてあげましょう。

24

夢を箇条書きにして見つめる

将来実現したい夢を
箇条書きにして見つめましょう。
書き出したものは壁に貼ったり、
写真を撮って携帯に保存したりして、
ときどき見るようにします。

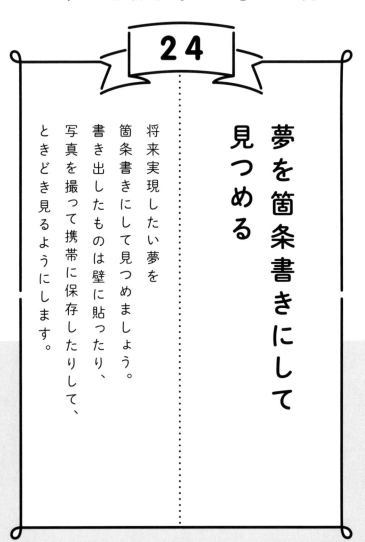

将来どうなりたいですか？　どこに行きたいですか？
実現したい夢を書き出しましょう。作文のように、きちんと書く必要はありません。箇条書きで充分です。ただし書いて終わりではなく、ときどき見るようにしてください。壁に貼ったり、スマートフォンの待受画面にしたり、いつでも見られるようにするのがおすすめ。これが後ほど紹介する「ドリームボード」です。

私は２０２０年、ＴＥＤｘ《テデックス》に登壇しました。ＴＥＤｘとは、ＴＥＤの精神である「広める価値のあるアイデア」を共有するために世界各地で生まれているコミュニティー。その一つであるアフリカのＴＥＤｘに、私もほめ育で登壇したのです。
「登壇する！」と決めてから、スマートフォンの待受画面にＴＥＤの画像を入れていました。すると、見るたびに「絶対にこのステージに立つんだ！」という気力がわいて、どんなときもがんばれるのです。

大きな夢を叶えるには、継続が何よりのポイント。大変なことがあっても、粘れるかが重要です。あきらめなければ夢は叶います。**どんなときも自分に「あきらめちゃだめ！」と語りかけてくれるもの、それが、あなた自身が書いた「夢」です。**

今日はじっくり考えて夢を書き出し、目につく場所に置く日です。

25

夢に向かって一歩踏み出す

夢の実現のためにできることを考え、
どんな小さなことでもいいので、
一つ行動に移しましょう。
そして、行動を起こした自分を
ほめてあげましょう。

夢を書き出したら何か一つ、実際に行動しましょう。まずは一歩踏み出し、踏み出した自分をほめてあげるのです。

たとえば、「憧れのスペインに行き、レストランでカッコよくスペイン語でオーダーする」という夢を実現したいとしましょう。まずは本屋に行き、スペイン語会話の本を一冊買う。これだけでも大きな一歩。そして、本を買った自分をほめてあげるのです。

もしかすると「結果が何も出ていないのに、ほめるなんて……」と思う人もいるかもしれませんね。いいえ、どんなに小さな行動でも、できたことがえらいのです。なぜなら、最初の一歩が何より大変だから。

逆にいえば、**一歩踏み出しさえすれば、あとは大丈夫。行動しながら次の一手を考え、また行動して、どんどん計画も修正していく。するとアドバイスをくれる人も増えてきますから、行動はどんどん加速していきます。**

どんな小さなことでもかまいません。たった一つでいいのです。夢に向かって、行動を起こしましょう。そして、自分をほめてあげましょう。

26

最終目標「○○になる！」という

あなたの夢の最終目標は何ですか？
「社長になる！」「ハワイに住む！」など、
具体的な最終目標を立て、
「○○になる！」と声に出して断言しましょう。

あなたは最終的に、どうなりたいと思っていますか？「社長になる」「ハワイに住む」など、最終目標があるはずです。まずは自分に質問してみる。そして最終的になりたい自分のあり方を、声を出して言い切ってみてください。

ここで大切なことは、声に出して「言い切る」こと。できれば、大勢の前で宣言できればベター。なぜなら、周りの人がどんどんあなたのファンになるからです。

まだ私が会社勤めをしていたときのこと。「本を出したい！」と考えた私は、とある出版セミナーに参加しました。２００８年1月のことです。とても高額なセミナーでした。参加者は20人くらい。出版経験のある人、さらにはベストセラー作家など、既に結果を出している人が少なくありませんでした。私は本を出す予定があるわけでもなく、会社員で、参加者のうち末席もいいところ。でも、講師が「最後に夢を発表する人はいますか？」といったとき、何の実績もなく、一番ブランド力の低い私が「はい」と手を挙げました。

「原さん、どうぞ」

「印税だけで世界一周できるようになりたいです」

笑い声こそありませんでしたが、「何いってるんだよ」と笑われているような気がしました。「他の人は自分の夢、いわないの?」とうながされても、手は挙がりません。そして講師は「えらいよ原さん、今はまだまだだけど、そうなると思うよ」といってくれました。

十数年経った今、本の印税だけで世界一周することはできませんが、自分の本が出たことによって、研修で世界中に行けるようになりました。

私は今でも、さまざまな勉強会に参加しています。2年前にも、あるコンサルタントのもとで学んでいるとき、こんなことがありました。

「原さん、ホワイトボードに自分の最終ゴールを書いてください」

「いいですよ」

そこで私は、ホワイトボードの真ん中に、大きくこう書きました。

「世界最大の財団をつくります」

私は、一般財団法人ほめ育財団をもっています。私設財団で、まだ小規模ですが、それをまず書きました。書いたときは、「叶わなかったら恥ずかしい」「背伸びしすぎだと思われているのでは」と、少し不安になりました。

しかし2年経ち、財団は徐々に大きくなっています。あのとき、「世界最大の財団をつくります」と書いた自分を、今はほめたいです。「よくやったな」と。

あなたも勇気を出して、思い切って自分の夢を声に出していってみてください。誰かに聞かせる必要はありません。ここから、自分の人生を自分でつくっていくのです。

27

夢を叶えた自分を想像してほめる

最終目標を達成した自分を想像して「よくやったね！」とほめましょう。
将来の自分の輝かしい状況を具体的にイメージすることが大切です。

先に、成功したことを祝う。これを予祝《よしゅく》といいます。**予祝には、「先にお祝いすることで願いを引き寄せる」という効果があります。**最終目標を達成した自分を想像して、「よくやったね！」とほめるのです。

大切なのは、成功したときに誰がそばにいるのか、どんな感情を味わっているのか、ゴールを具体的にイメージすること。

成功するスポーツ選手は、ゴールを具体的にイメージすることが得意です。例えば、元日本代表プロサッカー選手・本田圭佑さんが小学6年生の時に書いたという作文を見ると、かなり詳細です。「世界一のサッカー選手になって、大金持ちになって親孝行する。セリエAでプレイする。40億円の契約金をもらう。プーマと契約して、世界中の人が自分の作ったウェアやシューズを使っている。ワールドカップに出場して、背番号10番をもらう……」。夢が叶ったとき、誰に何をするかまで想像しています。

私も、プロジェクトが成功したところを想像して、自分たちをほめます。たとえばプロジェクトのキックオフとして、先にみんなで食事に行ってお祝いしてもいい。そういうことをしておけば、吸い寄せられるように夢が実現していきます。

28

座右の銘を書く

座右の銘を紙に書きましょう。
特になければ、偉人などの名言で
好きなものを書き出してかまいません。
その言葉が、夢の実現を後押ししてくれます。

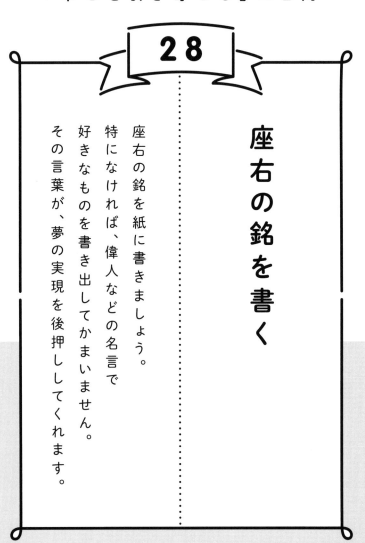

あなたの座右の銘は何ですか？「思い立ったが吉日」「石の上にも三年」などのことわざ、尊敬する偉人の名言など、人それぞれあると思います。

その言葉を改めて書き出してみましょう。もしあなたに座右の銘がなければ、ネットを検索すれば、少なくとも一つは心に響くフレーズが見つかるはずです。

こうした言葉は夢の実現を後押ししてくれます。それは単に、モチベーションを上げてくれるだけではありません。夢や希望、目標を明確にしたら、あとは、いかに物事を進めていくのかが重要になります。しかし、「成功するやり方」に関して、私たちは素人です。だから、先達の言葉に支えてもらうのです。

私が尊敬するのは、アメリカの元プロバスケットボール選手マジック・ジョンソン。**彼の名言集を読み、心の中で悩みを打ち明けたりアドバイスをもらったりして支えてもらいました。**mixi《ミクシィ》やFacebookで、何度彼の言葉をシェアしたことか。偉人の名言は不動です。その大切な言葉を自分の中に持っていれば、夜中だろうが、入浴中であろうが、いつでもどこでも相談できます。

座右の銘や心に響く名言が心にあれば、夢を叶えたいあなたを、いつでも奮い立たせてくれるはずです。

29

邪魔するものを想定内とする

夢実現の足を引っ張る人物や出来事を予測しましょう。
想定内にしておけば、慌てずに対処できます。
予測した自分をほめることも忘れずに。

夢に向かってがんばっていると、「そんなの無理」「やめといたほうがいいよ」といってくる人は必ずいます。関係が近いほど、心配して反対することも多くなります。不思議なことに、動き始めてから1か月ほど経つと、「無理だよ」「やめたほうがいいよ」という言葉と出会います。そこで「ですよね」となびくのか、「それでも私はいきます」と突き進むのか？　大きな分岐点です。

反対されることが増えた。この現象こそ、自分の決意が試されているとき。「無理だよ」といわれて「無理かも」と思う、「やめたほうがいいよ」といわれて、「ですよね」と思う。それほどの決意であれば、そもそも夢は叶いません。

反対されたときに「いや、絶対に大丈夫」「ここでやめるわけにはいかない」と思えたら、しめたもの。その強さがあれば、結果は出たも同然です。

自分が本当に結果を出したいと思うなら、そういう邪魔がはいることは、想定内にしておきましょう。周りからの言葉で、自分の行動を止めてはだめだということです。

今日、もしかすると「無理なんじゃないの？」といわれませんでしたか？　それはあなたの本気が周りに伝わっていることの証。「心配してくれてありがとう。でも、大丈夫だよ。絶対できるから」と笑顔で返せたら最高ですね。

30

実行したことをベタぼめする

この30日間で実行したすべてのことを「すばらしい！」とベタぼめしましょう。これで未来の自分にも自信がもて、幸せが吸い寄せられます。

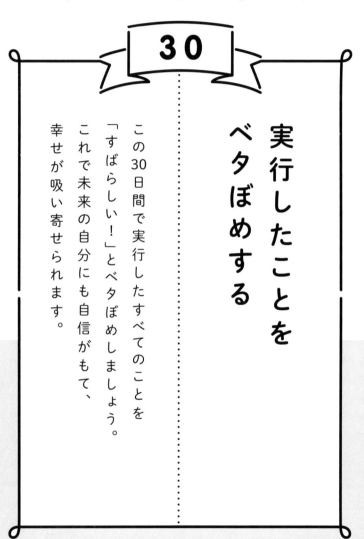

自分ほめを始めてから、30日が経ちましたね。30日間は短いようですが、さまざまなことがあり、意外と長いものです。**自分ほめを実行すると壁にぶち当たったり、感情が湧き起こってきたりして、心が揺さぶられることも多く、充実した期間だったことでしょう。**「もうやめよう」と思った日もあったかもしれません。でも、とにかく30日間やり続けたことはすばらしいこと。自分をほめてあげるに値します。

ここまで来たら、何か変化があるはずです。始める前の自分と比べて、ベタぼめしてあげてください。そして、成長した自分に何かご褒美をあげましょう。

1日1ホメで、いつでも人に愛され、運に恵まれる体質に！
幸せを呼ぶ『自分ほめ カレンダー』
日常をほめて「気分を上げる」10日間
1 「自分ほめ」を始めたことをほめる
エライ!

新しい行動を起こすことは、停滞した運気に風穴を開けます。この「ほめカレンダー」を始めた自分を「エライ!」とほめましょう。
2 鏡を見て「ステキ！」と言う
ステキ!

自分をうまくほめるためには、自分に向き合うことが大切に。鏡に映る自分の顔を見て、「ステキだね!」と声に出して言いましょう。
3 遅刻しなかったことをほめる
On time!
会社でも、友人との待ち合わせでも、ゴミ出しの時間でも、決められた時間に遅れずに行動できた自分を「スゴイね!」とほめて。
4 朝、爽やかな挨拶をする
おはようございます!

朝を明るくスタートすると心が柔軟になり、自分の良いところを見つけやすくなります。家族、ご近所さん、職場の人に朝、爽やかな挨拶を。
5 キビキビ歩いたことをほめる
キビキビ!
自分をほめる理由は、日常のいたる所に。例えばキビキビ早足で歩くことは、効率の面でも、健康的にも◎。そんな自分をほめてあげて。
自分で自分をほめると自信がつくことに始まり、「良縁」「幸運」「美しさ」など、良いことが次々と引き寄せられてきます。そんな幸せの好循環を作るのが、30日間の「自分ほめカレンダー」。さっそく今日から始めてみて。
笑顔
キレイ
ご縁
幸運
自信
日常をほめて「気分を上げる」10日間
6 後回しにしていたことをする
今やる!

面倒なことを先のばしにしたままだと、前進できません。後回しにしていたことを済ませて、終わったら自分に「すばらしい!」と声かけを。
7 スキップをして笑顔を作る
ランラン
ランラン
悩みや不安があると自分をほめにくくなりますが、体を動かしている間は、それらは消失します。スキップをして笑顔を作りましょう。
8 体にいい食事を摂ってほめる
ナイス!!

毎日頑張ってくれている体のために、体が喜ぶ食べ物を食べましょう。健康的な食事をしたら、そんな自分をほめつつ、体に感謝を。
9 人の良い所を見つけてほめる
人の良い所を認めてほめると、自分自身のこともほめやすくなります。相手を直接ほめてもいいし、その場にいない第三者をほめても。
10 「良い日だった!」と言って寝る
1日の終わりを幸せな気持ちで締めれば、翌朝もハッピーな気持ちでスタートできます。「良い日だった!」と声に出し、笑顔で就寝を。
カレンダーの使い方
壁に貼り、1から30までの行動を毎日1つずつ行って。気がのらない項目は飛ばしてOK。全てが「自分ほめ」につながり、幸せを引き寄せます。
一般財団法人 ほめ育財団
人生の経験をほめて「自己肯定感を高める」10日間
11 寝る前に1日の行動を思い出す
多忙な日々は、自己を振り返る時間なく過ぎていくもの。寝る前に朝からの行動を思い出し、その日頑張ったと思うことをほめましょう。
12 この1カ月の頑張りを書く
1month…

この1カ月を振り返って、頑張ったと思うことを書き出しましょう。どんな小さなことでもOK。そして「よく頑張った!」と自分をほめて。
13 この5年間の頑張りを書く
5years…

この5年間で頑張ったと思うことを書きましょう。5年だと考えづらい人は、直近半年や1年でもOK。そして「よく頑張った!」とほめてあげて。
14 過去に我慢したことをほめる
これまでの人生を振り返り、我慢したと思うことは何ですか?その時の自分に対して「よく我慢した!エライ!」とほめましょう。
15 嬉しく思った言葉を思い出す
ほめりんって優しいね
過去に人に言われて嬉しかったこと、もしくはほめられたことを思い出しましょう。最近のことでも、子供の頃のことでも構いません。
16 自分のすごさを認めてあげる
行動力がすごい!

自分のスゴイと思うことを「スゴイ!」と認めてあげましょう。健康であること、努力家であることなど。どんなことでもOKです。
17 自分のステキさを認めてあげる
自分がステキであることを「ステキ!」と認めましょう。ステキな趣味や好きなこと、センス、気遣いできたことなど、どんなことでも◎。

人生の経験をほめて「自己肯定感を高める」10日間
18 助けてくれた人を思い出す
ありがとう!

人生を振り返り、自分を助けてくれたり、世話してくれた人を思い出してみて。家族や先生、友達など誰でも。そして心の中で感謝を。
19 自分の成長した部分をほめる
幼い頃からのあなたを振り返り、良く変わった部分はどこですか?成長した自分に対して、「成長したね!」とほめてあげましょう。
20 今、頑張っていることを書く
過去の頑張りがあって、成長した今があります。そして今の頑張りは、将来の成長に。今、頑張っていることを書き出してみましょう。
21 悩みを全て書き出す
けんかした
休みがない
お金がない
今抱えている悩みを全て書き出し、"見える化"を。そしてその悩みを解決するためにまず何ができるかも書いて、頭を整理しましょう。
将来につながる行動をほめて「幸せを引き寄せる」10日間
22 今日やりたいことを書き出す
部屋の片付けをする!

今日やりたいことや、するべきことを朝、紙に書き出し、寝る前にできたことをほめましょう。できなかったことは、気にしなくてOKです。
23 90日以内にやりたいことをリスト化
自分のブログを開設する
90日以内にやりたいこと、やるべきことを書き出し、リスト化を。そして90日後のやり終えた自分を想像し、先にほめてあげましょう。
24 夢を箇条書きにして見つめる
いいね!

将来実現したい夢を箇条書きにして見つめましょう。書き出したものは壁に貼ったり、写真を撮って携帯に保存し、時々見るようにして。

将来につながる行動をほめて「幸せを引き寄せる」10日間
25 夢に向かって一歩ふみ出す
START!

夢の実現のためにできることを考え、どんな小さなことでも良いので1つ行動に移して。そして行動を起こした自分をほめてあげましょう。
26 最終目標「○○になる！」と言う
私は絶対幸せになる!

あなたの夢の最終目標は何ですか?「社長になる!」「ハワイに住む!」など具体的な最終目標を立て「○○になる!」と声に出して断言を。
27 夢を叶えた自分を想像してほめる
良くやった!

最終目標を達成した自分を想像して「良くやったね!」とほめましょう。将来の自分の輝かしい状況を具体的にイメージすることが大切です。
28 座右の銘を書く
いつも機嫌よく!

座右の銘を紙に書きましょう。特になければ、偉人などの名言で好きなものを書いてみて。その言葉が夢の実現を後押ししてくれます。
29 邪魔するものを想定内とする
想定内!

夢実現の足を引っ張る人物や出来事を予測しましょう。想定内にしておけば、慌てずに対処できます。予測した自分をほめることも忘れずに。
30 実行したことをベタほめする
この30日で実行した全てのことを「すばらしい!」とベタぼめしましょう。これで未来の自分にも自信が持て、幸せが呼び寄せられます。

GOAL!

自分ほめ月報

私は毎日振り返りをおこなっています。独自のミッションシートに毎日書き込むのです。この習慣を続けているおかげで、人より早く結果が出るのだと思っています。私のオンラインサロンなどの受講生には、少なくとも2日に一度は振り返りをするように伝えています。私の感覚では、3日に一度では古いのです。ぬか漬けは2日混ぜないと酸っぱくなる。毎日混ぜなければいけません。そんな感覚なのです。

ところが、忙しくて「2日に一度でも難しい」という人もいます。

それならばいっそのこと、まとめて月一回、振り返るのはどうでしょうか？

世の中には、月一回でも自分自身を振り返っていない人がほとんどです。だからこそ、自分ほめカレンダーを実践しながら、月に一回、まとめて自分自身を振り返るのです。

私がクライアントの店にコンサルタントとして入るときは、スタッフさんに週報や月報を出してもらい、進捗をチェックしていきます。それだけでも、自分を振り返る習慣が身につき、大きな成長につながります。それほど、振り返りは、夢を叶えようと思った時に欠かせない要素なのです。

そこで、本書オリジナルの「自分ほめ月報」を提案したいと思います。

まず、月末に少し自分のための時間をとります。

そして自分のミッション、3年後の目標、今月に目標としていたことを書き込みます。最近、時代のスピードが速くなりました。昔の企業なら「30年計画を立てましょう」といわれていたのが、現在は「3年計画でいい」といわれています。4年後になると時代が変化しすぎてわからない。5年先は長すぎます。だから、3年計画でいいのです。ということは、ざっくりでいいので、3年計画を立てておく必要があります。

次に今月を振り返ります。「こんなことがあった」という今月のトピックを複数書き出し、自分ほめをします。そして、「○○さんのおかげでこうなりました」と感謝し、自己肯定します。

今度は次月の目標をいくつか立てます。中でも、「これだけはやり遂げる」というたった一つの決意をします。

以上が月に一度の自分ほめ月報です。これは自己肯定感を高める重要なツールになります。

自分ほめカレンダーを始めたら、ぜひ月報をつけてみてください。できればずっと続けてもらいたい振り返りです。

日々の忙しさに追われているかもしれませんが、月末のランチどき、お気に入りのカフェに入って、1時間だけ月報をつけてみませんか。そんな贅沢な時間こそ、自分の未来に投資をすることになるのです。月の最終日に自分と向き合う時間をもつ習慣が身につけば、夢が急速に叶い始めるでしょう。

［例3-1］40代女性の自分ほめ月報の例

自分ほめ月報

2021 年 4 月 23 日　ご職業 主婦　年齢 43歳　お名前 きんもくせい

ミッション	私のイラストを見てくれる人と、ほっこり癒しの世界観を共有したい
3年後の目標	イラストの世界観を表現できるアトリエを作る 焼き菓子と似顔絵の販売
今月の目標	イラストを描く ドローイングの練習

今月の振り返り	●自分の空き時間でイラストをたくさん描いた。 ●美術館に行った。
自分をほめよう	●毎日ペースを守ってイラストを描いている。えらいね！ ●ちゃんとインプットしてるね。すごいね！

おかげさまの感謝	誰に　子どもたち　どんなことを　イラストを一番ほめてくれてありがとう！

次月の目標	☐ 似顔絵教室もしくはイラスト講座の申し込み ☐ 体幹を鍛える ☐ 食生活の乱れを整える ☐ 引っ越しを機に不用品を処分し、すっきりした生活を心掛ける ☐ 無理せずマイペースで楽しむ

次月これだけはやるたった一つの to bo	夜8時以降はスマホを見ない。 ☑

［例3-2］50代男性の自分ほめ月報の例

自分ほめ月報

2021 年 4 月 23 日　ご職業 団体職員　年齢 55 歳　お名前 のぶ

ミッション	相続で困っている社会的弱者の障がい者とその家族を支援する
3 年後の目標	行政書士試験合格と開業
今月の目標	民法の過去問題を全て解く

今月の振り返り	商法・民法の過去問題、2020 年度まですべて解いてみた。 なぜ解答を間違えたのか、その根拠を理解する必要あり。
自分を♥ほめよう	●眠かったときもあったけど、夜、頑張って勉強した。エライ！ ●過去問をすべて解くことで次の課題が見えてきた。すごいね！

おかげさまの感謝	誰に	子どもたち	どんなことを	眠い時にも、「お父さん、僕も努力しているから、お父さんも頑張ってね」と励ましてくれたね。おかげで踏ん張って勉強できた。ありがとう！

次月の目標	☐ 商法・民法の過去問題をもう一度、解く。 ☐ 憲法の過去問題をもう一度、解く。 ☐ 行政法のテキストを読み始め、一回は全て音読する。 ☐ 手洗い・うがいを絶対励行！ ☐ 行政書士の試験に出る民法判例の判決文を読む。

次月これだけはやるたった一つの to bo	ここまで頑張れるのは家族のお陰ということを忘れず、家族にありがとうと口に出して言う。	☑

第4章

あなたが本当にやりたいことを目標に掲げよう

人は潜在的に自分をほめたいと思っている

自分ほめカレンダーを使うと、きっとさまざまな自分を知るはずです。

こんなことをがんばった、あんなことを我慢した、人に優しくできた、小さな達成感があった……。

自分を知って、自分をほめていくうちに、自分が愛おしくなるはずです。人によっては、「私だって生きてていいんだ」と思える人もいるでしょう。そして、もっと自分のことをほめたくなるに違いありません。これまで「自分をほめられない」と感じていた人は、その変化に驚くかもしれませんね。

誰もが本当は、「自分をほめたい」と潜在的に望んでいます。なぜなら、この本で何度も伝えてきたように、**がんばっていない人はいませんから。**特に日本人は、勤勉な人のなんと多いことか。ほめる材料は山ほどあるのです。「私だってがんばっているんだから」というのが本音。そして事実その通りなのです。

だから、その事実をほめましょう。背伸びせず、本当のことを受け止めるだけでいい。もうすでに充分がんばっているのですから。

本当の自分を見つめる。少なくとも、自分をごまかさずに見る。自分の置かれた状況や場所で花を咲かせることができたら、人生はもっと楽しくなります。

ここまで読み進めてくると、「もっと自分をほめたい」と感じ始めたのではないでしょうか。そんなあなたに役立つツールが、実は他にもさまざまあります。この章では、そうしたお役立ちツールをご紹介しましょう。ぜひ使い倒していただきたいと思います。

◯ 目標を立てるためのドリームボード

自分をほめるためには、目標を立てることが大切です。でも残念なことに、多くの日本人は、目標の立て方がちょっと苦手なのではと感じています。

なぜでしょうか？　きっと「本当に好きなこと」「自分が心底やりたいこと」を、

人生の目標にしていない人が多いから。親に期待されたから、会社からの指示で、社会的にはこうしておいたほうが……といった、自分以外の誰かから与えられた目標では、人は本気になれないのです。

では、どうやったら本当にやりたいことを目標にできるのでしょうか。そのトレーニングとして私が推奨しているのが、ドリームボードの作成です。

ドリームボードとは、A3サイズほどの紙に、達成したい目標や、好きな写真・イラストを貼ったり書いたりするもの。

まず右下に、達成したい目標を書きます。あとは何を入れてもかまいません。ただし、「人間関係・仕事・お金・健康」の4項目は必ず入れてください。なぜなら私たちの悩みや希望は、おおよそこの4項目に分類されるからです。

仕事とお金は連動しますから、一緒にしても良いでしょう。健康は美容も含んで考えてください。

［図4-1］ドリームボードのつくり方

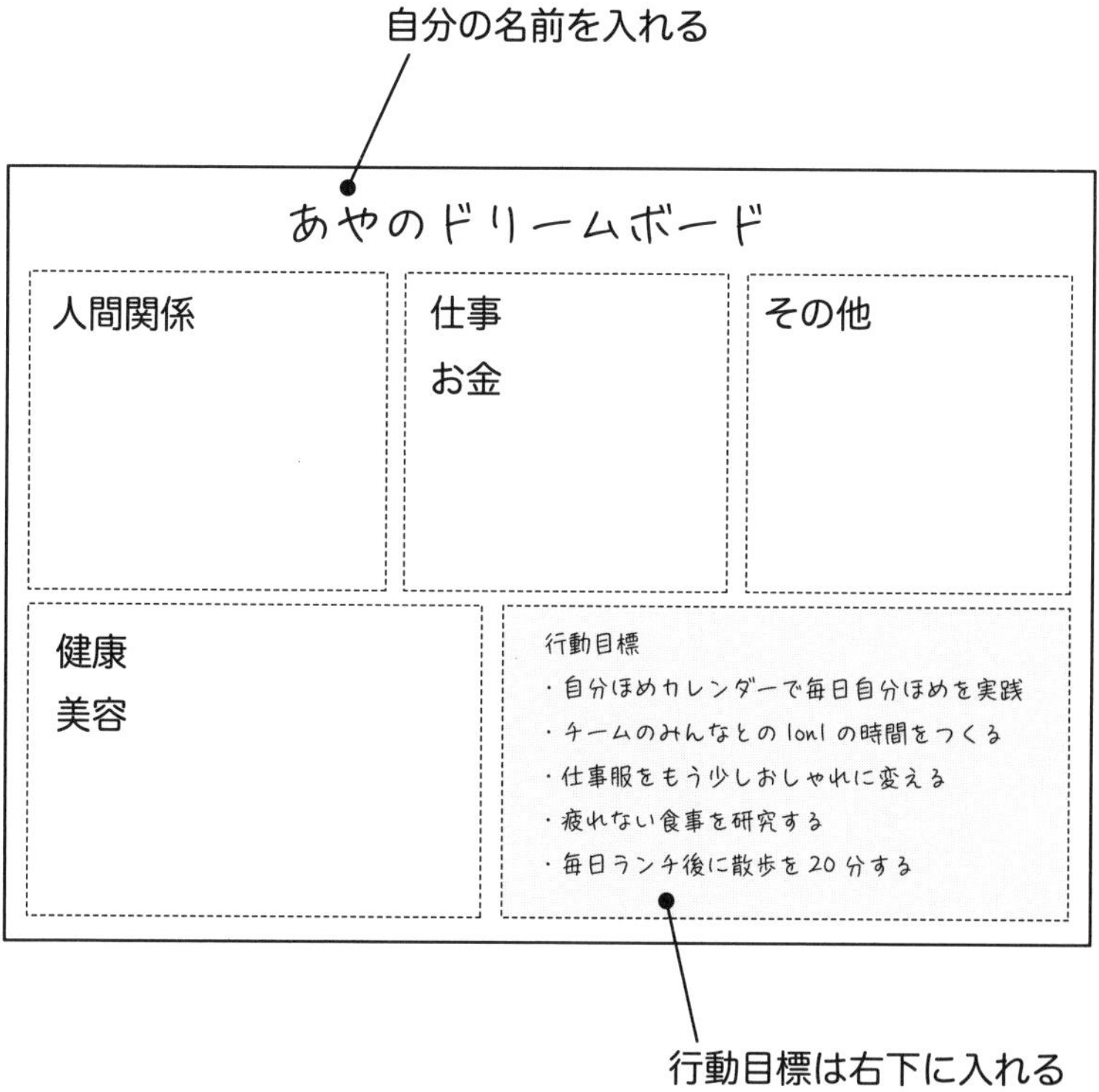
自分の名前を入れる
あやのドリームボード
人間関係
仕事
お金
その他
健康
美容
行動目標
・自分ほめカレンダーで毎日自分ほめを実践
・チームのみんなとの1on1の時間をつくる
・仕事服をもう少しおしゃれに変える
・疲れない食事を研究する
・毎日ランチ後に散歩を20分する
行動目標は右下に入れる

人間関係には、物との関係も含めます。欲しいアクセサリーや服、時計、インテリアなど、欲しいものを入れます。家族や友達など大切な人たちの写真、エッフェル塔やサグラダファミリアなど自分が行きたい場所の写真を貼ってもいいですね。

写真は、Yahoo! のフリー画像や Google で検索した画像をプリントアウトして切り貼りします。自分でイラストを描くのもいいですね。

ドリームボードをつくる頻度は一年に1〜2回。もちろん、早く夢が叶えば、もっと短いスパンで新しいドリームボードにつくり替えます。

私がはじめてつくったときは力が入りすぎて、A3サイズよりはるかに大きいものになりました。「あまり大きいと大変」というのが正直な感想です。おすすめはA3サイズ、できればしっかりした厚紙がいいでしょう。

ドリームボードに書き込んだり貼ったりしたものは、必ずしも叶わなくてもかまいません。私もよく「夢は全部叶った」といっていますが、ドリームボードに貼っても叶っていない夢は多分あります。ただ忘れているだけです。でも違う視点で考えると、叶わなくても人生に影響を及ぼさない夢だったのでしょう。

叶わないとしても、誰にも迷惑をかけませんから。あとから内容を変えてもいい。

とにかく完全主義者にならないで、楽しむことです。

○私のドリームボード体験——トライアスロン

私がドリームボードを使って叶えた夢に、トライアスロンがあります。

トライアスロンは、水泳・自転車ロードレース・長距離走の3種目を、この順番で連続しておこなう耐久競技。現在、国内外の大会に参加している私にとって、いまやトライアスロンは自分にとってなくてはならない大切な存在です。

私がトライアスロンに興味を持ったのは、あるセミナーに参加したことがきっかけでした。それは、ジェームス・スキナーの「成功の9ステップ」という4日間のライブセミナー。そこで出たお題が「人間関係、お金、仕事、そして健康に関するそれぞれの夢を描く」というものでした。

私は「健康」の項目に何を書いてよいかわからなかったので、「健康に関する夢とは、例えばどんな感じですか？」と質問しました。するとジェームスはこう答えたのです。

「私も私の仲間もみんなトライアスロンをやっているから、トライアスロンと書くよ」

たまたま私の手元にあったパンフレットや雑誌に、トライアスロンの写真が何枚かありました。私はトライアスロン未経験者でしたが、自分のドリームボードに、なんとなくトライアスリートの写真を貼ったのです。

それから、自分でつくったドリームボードを、いつもなんとなく眺めていました。ただ、ドリームボードに貼ったトライアスリートのムキムキボディの写真を見るたび、「トライアスロンは長距離走だけでも大変なのに、水泳や自転車レースもある競技。トライアスリートと自分とでは体格が違う。しかも自分は泳げない。だから、無理だろう」と思っていました。

ところが、いつも目にしていると、いつの間にか「楽しそうだな」という気持ちが芽生えてきたのです。

「大変そうだけど、自分もできたらいいな。これができたら、人生がますます楽しくなりそうだな」

こうしてトライアスロンにチャレンジしてみたいと思うようになりました。すると不思議なことに、トライアスロンをやっている人と出会うようになるのです。

まずはじめに会ったのは、65歳からトライアスロンを始めた、ある女性でした。出会ったときの彼女の年齢は73歳。その年齢での参加者が少ないこともありますが、彼女が試合に出れば、いつも優勝か二位。パワフルな女性です。

そして、知り合いになったばかりの経営者と話をしていると、なんと彼もトライアスロンをやっていて、大会にも参加しているというのです。

トライアスロンに取り組んでいる人たちはとても楽しそう。人生に対して前向きで、魅力的です。

こうなったら、一歩を踏み出すだけ。まずは大会に申し込み、自転車を買い、水泳の練習を始めました。当初、水泳が苦手だった私は、50メートルも泳げませんでした。でも、ドリームボードに貼っている写真を見ると、不思議とがんばれたのです。何よりサポートしてくれる人が現れたことが大きかったです。

そしていよいよ、ハワイでおこなわれた大会に初参加。タイムはギリギリではありますが完走することができました。終わった後はパーティーで大盛り上がり。そうすると「次は家族も連れて来たい」という新しい夢もできました。

ドリームボードをつくる際、なんとなく写真を選ぶ、キーワードが気になるということは、潜在的に望んでいる何かがあるということ。だから楽しみながら貼っていけばいいのです。

たとえ夢が叶わなくてもかまいません。きっかけの一つになることが重要です。**「未来は描けるんだ」とプラスの思い込みができれば、行動が生まれます。そして達成できると自信が生まれ、周りに好影響を及ぼす人になっていくのです。**

目標を持ち、目の前のことを一生懸命やる。そして少しずつバージョンアップしていけばいいのです。

知識を入れるだけで行動できる

夢は決まった。目標も明確になった。けれど、「そんなこと、できるわけない」という思いが、せっかくの夢を打ち消すこともあります。その時、多くの人は「お金がないから」「能力やセンスが足りないから」「人脈がないから」というでしょう。でも実は、足りないのはそんなものではありません。

夢を叶えるのは無理だ、と思ったあなたに足りないのは「知識」です。

知識がないのは、単に「知らない」というだけで、「できない」と同義ではありません。それなのに、「知らない」＝「できない」と思い込んでいる人が少なくありません。本当は、知ればできることばかりです。

例えば、「飛行機で世界一周旅行をしたい」という夢があるとしましょう。ほとんどの人は、「世界一周なんて、値段が高いから無理。そんなのできるわけない」と思うはず。私も昔はそうでした。

実は、ロサンジェルスやボストン、ニューヨーク、パリ、ローマを観光して、インドを経由して帰ってくる飛行機のチケットだけなら、実は一番安いチケットだと38万円ほど。毎月1万円ずつ、3年間コツコツ貯めれば行けなくはない。

ビジネスクラスを利用しても、68万円です。こちらだと、もう少し切り詰めて、毎月2万円ずつ、ホテル代と食事代、お小遣いも用意するとして、4年間貯めれば可能です。贅沢をしなければ、計100万円ほどで世界一周できるのです。

その知識を得た私はこれまで4回、世界一周しました。知れば、できることが増える。そう思うと、学ぶ意欲が出てきませんか?

知識がないなら、外からもらえばいい。「教えてほしい」「やってみる」という素直さがあれば、物事は好転していくのです。

段取りがすべて

人生がうまくいくには、準備と段取りが必要です。先々を見据えて、計画的に物事を進めるのです。

料理をイメージするとわかりやすいですよね。例えば美味しいおでんをつくろうと思ったら、まずは材料を揃えます。そして味の染みたおでんをつくるには、下ごしらえが肝心です。

大根は皮を厚めにむき、ちょうどいい厚さに切り、面取りをして、十字の切り込みを入れ、米のとぎ汁で下茹でをする。牛すじも下茹でして、丁寧に洗って余計な脂を落とし、ちょうどいい大きさに切って、串に差していく。もちろんこんにゃくも下茹でが必要で、出汁《だし》もつくっておかなければいけない……。

とにかく、やることがたくさんあります。行き当たりばったりでつくると、時間がかかるだけではなく、下ごしらえが中途半端になり、出汁の染みていない、脂が浮いたおでんになりかねないのです。

人生も一緒です。**夢を実現するには、どういう過程が必要か？　同時並行で効率良く進めるには、どうすればいいいか、徹底的に考えておくのです。**

逆に段取りがうまくいけば、結果は自然とついてきます。

段取りがすべて。ぜひ段取り上手になってください。

○先達の重要性

何かを実現するには、導いてくれる良い先達《せんだつ》を選ぶことも大切です。例えば、美味しいローストビーフをつくりたい。にもかかわらず、誰にもレシピを聞かず、一切調べない。我流で失敗しても、まだ誰にも聞こうとしない。その姿勢は素直ではないし、何より効率が悪いでしょう。

未熟なうちは、自分が実践していることが正しいのか、自分に合った方法なのかがわかりません。だからこそ、自分が今どこにいて、どう進んでいけばいいかを教えてくれる先達の存在が重要です。

私のビジネスは創業から10年ほど経ちますが、今もコーチやコンサルタントなどの先達に、大いに助けられています。メンタルはこの人、ボディはこの人というように、分野別にスペシャリストがいるのでとても頼りになります。

先達に素直に聞いて、最適な方法を試してみる。そういう意味で、私は甘え上手といえます。最初から自分一人でがんばる気がない。**自分で自分を励ますより、最初のエンジンを誰かにかけてもらったほうがいい。エンジンがかかったら、もう結果が出ます。**

人が初手からつまずくとき、その原因は大体、「最初の動き出しがわからない」こと。どうしたらいいかと悩み、具体的に動けないまま終わるのです。

ですから、早く夢を確実に実現させたいなら、専門家の助けを借りればいい。もちろん予算の都合上、難しいこともあるでしょう。でも、あきらめる必要はありません。Google 検索を利用したり、Twitter で調べたり、YouTube を活用すれば良いのです。

大切なのは、「どうしたら先達と出会えるかな?」というアンテナを立てることです。今はインターネットが発達していますから、どんな情報も入手できます。有効に使って、先達を見つけましょう。

○ 誰に喜んでもらいたいのか？

あなたは、誰に喜んでもらいたいですか？　誰があなたを応援してくれていますか？　どんなときでも一緒に悩み、励ましてくれるのは誰ですか？

夫や恋人、親友、信頼している上司……さまざまな顔が思い浮かぶのではないでしょうか。人は、一人では進めません。寄り添ってくれる人の存在は、あなたにとって大きなエネルギーになります。

甘えましょう、頼りましょう。困っているなら、無理をいったっていい。苦しかったら、愚痴をいえばいいのです。そのかわり結果が出たら、心を込めて感謝の言葉を伝えましょう。

私も日本人初のTEDxアフリカ登壇を果たすまで、多くの人に助けてもらいました。無理もいいましたし、時には思い切り感情もぶつけました。

そして、登壇が決まったとき、支えてくれた全員に感謝を伝えました。きっとみんな、「ちょっと面倒だなと思うときもあったけど、ちゃんと報告して可愛げのあるやつだ」と思ってくれているはずです。

あなたも一人でがんばるのではなく、支え合う仲間や先輩後輩を見つけてください。リアルで会える人に限定する必要はありません。SNSでつながっている人でもいいのです。

そして、あなたも周りの人を支える立場になってください。**人生は、個人戦ではなく団体戦。**「この人に喜んでもらいたい」という気持ちが、あなたの大きなエネルギーになります。

ちょっとしたお祝いを大切に

本当は人に頼りたいけれど頼れない、甘えたいのに甘えられない。このように、素直になれない人もいるかもしれませんね。そんなときは**「どうしたら喜んでもらえるかな?」ということを考えてみてほしいのです。**

例えば、誕生日に「おめでとう」と声をかけてくれたり、花を贈られたりしたら、きっと幸せな気持ちになりますよね。誕生日にお祝いされるのは、何歳になっても感動と感謝でいっぱいになるものです。そもそも誕生日だということを知ってくれているることがうれしい。その感情は他の人だって同じです。誕生日にちょっとしたお祝いをすることは、相手との距離をぐっと縮めてくれます。

私の場合、トライアスロンのチームリーダーでもある先輩経営者の誕生日に、いつも花を贈ります。その方は毎年、誕生日パーティーを開催するのですが、群馬に住んでいるので、主に関西で活動する私はいつも参加できません。でも、花を贈ることはできます。だから「おめでとうございます」の気持ちを込めて、必ず花を贈るのです。

どんな人にも誕生日はあります。それがいつなのかを聞いたら、あとは段取り。花を贈る手配なら、10分もあればできますね。その10分という時間をつくり、花を贈ればきっと相手は喜んでくれるはず。「忙しい中で、自分のために時間をつくってくれたんだ」と、感激してくれることでしょう。

もちろんお金をかける必要はありません。心のこもったお祝いのメッセージでもいいのです。Facebookには「友達の○○さんがお誕生日です」という表示が出ますよね。それを見たら、「おめでとう」に、プラスアルファの言葉を添えて送る。「あなたの誕生日を私も祝っていますよ」という気持ちを伝えるのです。

誕生日のように、自分にとって特別な日に祝ってもらうと、幸せな気持ちになるものです。そんな心情を想像しながら、タイミングを逃さずお祝いの気持ちを伝える。

すると距離が縮まって、関係性は良い方向に進みます。このように普段から、尊敬と信頼の思いを伝え続けるからこそ、必要な時に頼ったり甘えたりしやすくなるのです。

第5章

自己肯定感や
モチベーションが
高くなくても大丈夫！

○エモーション（感情）は、モーション（体の動き）から

「原さんはとても行動力がありますよね。毎日すごいやる気満々なんですか？」

私はよくこう聞かれます。実は私には、あまり「やる気」がありません。トライアスロンのトレーニングもいつも全力というわけではなく、ずっと35点ぐらい。途中から徐々に、やる気を出す感覚です。

というのも、体を動かしているうちに、自然とやる気はわいてくるから。「エモーション（＝感情）は、モーション（＝体の動き）から」というのが私の信念。無理にやる気を出さなくてもいい。まずは体を動かしてしまえというわけです。

だから、トライアスロンのためにおこなっている朝7時からの水泳も、最初は眠たい目をこすりながらのスタート。どう見ても、やる気はありません。そんな調子で、最初はボーッとしながら泳ぎます。

ところが800メートルほど泳ぐと、変化が現れます。水中で全身を動かすので血流が良くなり、気持ちものってきます。本人にやる気がなくても、体が「さぁ、行こ

う！」という感じ。そうなったらしめたもの。「じゃあやろうか！」と、乗っかっていくのです。

「パワフルに物事を進めるにはやる気が必要」と思っていたなら、今日からその考えを改めてください。やる気とはカンフル剤のようなもの。あれば刺激にはなりますが、必ずしも必要なものではありません。**やる気がないなら、まずは行動すればいい。そうすれば、必ず感情もついてきます。**

○ 未来年表をつくる

ある時、「家族で世界一周したいね」と盛り上がった、とあるご夫婦。それを思い出したダンナさんは、奥さんにこう聞きました。

「今年は世界一周するんだよね？」

「いや、今年は無理じゃない？　だって、お姉ちゃんが受験でしょ。お金はどうするの？」

「確かにそうだよね……」

思いつきで壮大な計画を遂行しようと思っても、このような会話が繰り広げられ、おそらく実現は難しいでしょう。

もし、家族で世界一周すると決めたら、準備期間がたったの1年では少し厳しいと思うのです。しかし、4年後に行くと決めれば、今から準備すれば実現の可能性は高くなります。ただし、その4年間を何もせずに過ごしていたら、明らかな段取りミスとなってしまうでしょう。

私の場合、4年後は無理ですが、二人の子どもが19歳と17歳になる7年後に行くと決めれば、家族4人での世界一周は充分射程圏内になります。準備さえ進めれば、年齢的にも予算的にも可能性は高まるのです。

どこに行くかは今から考えればいい。7年間は、目的地を選定するのに充分な時間です。そしてこのあいだに、親やご近所にも根回しします。いよいよ行くとなれば、周りの人にも心の準備ができていますから、「不在のあいだ、留守をお願いします」と甘えることもできるでしょう。

それができなかったのは、潜在意識の中で「家族で世界一周のための行動」の優先順位が低かったから。そして、未来を見ていなかったからです。

世の中には、未来を見るのが得意な人と、目の前を見るのが得意な人がいます。

未来を見ることが苦手な人は、3年後のことも考えられないといいます。でも未来のことを考えることができなかったら、欲しいものがあっても計画的に貯金できませんし、自分の人生を充実させるための資格もとれませんね。**未来を考えられないのは、考える習慣がないだけ。であれば未来を見る習慣をつければいいのです。**

そこで、ぜひつくってほしいのが「自分の未来年表」です。未来に向かって1年単位で年表をつくっていきましょう。書ききれない場合は、ご自身でエクセルに落とし込んでみてください。ドリームボードとリンクするといいですね。

まずは、自分の年齢、人生のゴールや挑戦することなど、自分の予定を書き込んでいきます。

次に家族の年齢、そして子どもの進学や親の長寿祝い、結婚記念日など、ライフイベントを書き込みます。

何となく書き込んだ内容があっても大丈夫です。変更になったり、より具体的になったときは、あとから書き換えればいいのですから。

年齢　32 歳　　　　　　ご職業　美容講師、会社員

ライフイベント	大きな支出予定	収入目標額（単位：万円）	貯蓄目標額（単位：万円）
婚約		850	500
結婚／両親還暦祝い	結婚資金	1,000	800
一人目出産	出産費用	1,200	1,000
大家族旅行	車購入	1,500	1,300
二人目出産	出産費用	1,500	1,500
ボディメイクする		1,500	2,000
英語の勉強		1,500	2,500
アメリカに移住	引っ越し費用	2,000	3,000
第一子小学生に	入学費用	2,000	3,500
		1,500	4,000
第二子小学生に	入学費用	1,500	4,500
両親古希祝い家族旅行		2,000	5,000
		2,000	5,500
		2,000	6,500
		2,000	7,500
		2,000	8,500
帰国	自宅購入費	2,000	9,500
両親喜寿祝い家族旅行	オフィス建築費	2,000	10,500
		2,000	11,000

［例5-1］30代女性の未来の自分年表

未来の自分年表

記入日　2021年　7　月　25　日　　お名前　まり

西暦	自分の年齢	自分の夢・目標	家族の年齢		
			父	母	妹
2022	33	スタイル本出版決定	60	59	30
2023	34	ほめと健康美容の伝道師として「セブンルール」に出演	61	60	31
2024	35	「情熱大陸」に出演	62	61	32
2025	36	「プロフェッショナルの流儀」に出演	63	62	33
2026	37	子育てコラムを５つの雑誌に連載	64	63	34
2027	38	ほめと健康美容で世界進出	65	64	35
2028	39	ほめる子育て本出版	66	65	36
2029	40	今気になる女性 No. 1 に選出	67	66	37
2030	41	海外ネットワークの構築	68	67	38
2031	42	友人Ｌとグローバルな仕事をする	69	68	39
2032	43	自社ブランド立ち上げ　チームは５名に	70	69	40
2033	44		71	70	41
2034	45	ほめと健康美容で世界的に活躍	72	71	42
2035	46		73	72	43
2036	47		74	73	44
2037	48		75	74	45
2038	49	国民栄誉賞受賞	76	75	46
2039	50	オフィスを作る	77	76	47
2040	51		78	77	48

年齢　49 歳　　　　　　ご職業　会社経営

ライフイベント	大きな支出予定	収入目標額 (税引／単位:万円)	貯蓄目標額 (現状プラス額／単位:万円)
長男小 1 ／結婚 10 周年	第三子誕生	2,000	100
	別荘のキッチンと床面のリノベ	2,050	250
父、県内男性平均寿命	E 駅新拠点建設	2,100	350
母、喜寿の祝い	取り扱いレンタカー 50 台体制	2,150	450
	自宅のバリフリー化	2,200	550
	H 支店を地域交流拠点に	2,250	650
長男、中学進学	役場前駐車場の拡張	2,300	750
次男、小学校入学		2,350	850
		2,400	950
長男、高校進学		2,450	1,050
結婚 20 周年／父、米寿の祝い		2,500	1,150
		2,550	1,250
長男、大学進学	長男海外留学	2,600	1,350
次男、中学進学		2,650	1,450
母、米寿の祝い		2,700	1,550
		2,750	1,650
長男、大学院／次男、高校進学		2,800	1,750
		2,850	1,850
		2,900	1,950

［例5-2］40代男性の未来の自分年表

未来の自分年表

記入日　2021年　7　月　26　日　　お名前　しんたろう

西暦	自分の年齢	自分の夢・目標	家族の年齢			
			妻	長男	父	母
2022	50	家族で石垣島移住！／剣道３段に	41	7	78	74
2023	51	企業内自由人に／家族でハワイ旅行	42	8	79	75
2024	52	燃料ビジネス採算化／剣道４段に	43	9	80	76
2025	53	東小学校剣道復活させる！	44	10	81	77
2026	54	ピアノ、ギターなど楽器演奏の動画投稿	45	11	82	78
2027	55	剣道生徒が県大会で優勝	46	12	83	79
2028	56		47	13	84	80
2029	57	宿題カフェ始める／剣道５段に	48	14	85	81
2030	58		49	15	86	82
2031	59		50	16	87	83
2032	60	剣道生徒がインターハイ出場	51	17	88	84
2033	61		52	18	89	85
2034	62		53	19	90	86
2035	63	剣道６段に	54	20	91	87
2036	64	宿題カフェ卒業生から東大生を輩出！	55	21	92	88
2037	65		56	22	93	89
2038	66		57	23	94	90
2039	67		58	24	95	91
2040	68		59	25	96	92

◯「自分ほめリスト」に行動を落とし込む

自分の中の夢を言語化したら、今度はそれらの夢を行動に落とし込むための「自分ほめリスト」をつくります。

私が提案する自分ほめリストは、ロジックツリーの構造になっています。ロジックツリーとは、ロジカルシンキングの手法の一つ。事象の分析や問題の原因特定、目標設定、問題解決など、さまざまなビジネスのシーンで使われます。

自分ほめリストのロジックツリーは、まず一日の行動を分解し、具体的に書き出します。そして、自分が決めたことを行動に移すと、それに対して自分ほめします。このルーティンが夢を叶える行動になるという構造です。

特にここでお伝えしたいのは、**一日をどのように過ごすのかを見直すこと。これが、あなたの日々のマネジメントになります。**

では、自分ほめリストを作成してみましょう。

大項目は、目的です。今回は自分ほめが目的なので、その文字があらかじめ入っています。もし明確な一つの目標がある人は書き込んでもいいでしょう。私なら、「トライアスロンを完走する」「TEDに登壇する」と書き込むでしょう。

中項目は、起きてから寝るまで、あなたが一日に何をするのかを書き込みます。今回は、10項目の空白を埋めてみましょう。

小項目は、中項目で書いたことを、さらに細かくしていきます。今回は、3つに分けて、行動を書き込みます。

「ほめるポイント」は、何ができたらOKなのかを書き込みます。

「ほめるセリフ」は、具体的な自分ほめの言葉です。具体的な言葉のほかに、短い簡潔なセリフもつけてください。例えば、ほめるときは、「すごい!」「ステキ!」。励ますときは、「大丈夫だよ」「明日があるさ」「まだできる!」。容認するときは、「いいよ」「なるほど」などがあります。「もう一人の自分がいて、その人が自分をほめる」と考えればほめ言葉が出やすくなります。

ここで、自分ほめリストの例を紹介します。参考にしながら、ご自身でもやってみてください。

ポイント	はめるセリフ
	一度目のアラームで起きられて、一日が気持ちよく過ごせるね
た	コンディションばっちり！　できる女！
を作っている	眠くてもちゃんと起きて料理して頑張ってるね！
	洗濯物のしわをしっかり伸ばすと気持ちいいね！　几帳面だね
	帰ってきたらやる仕事が一つ減ったよ。よくできました！
	部屋はきれいなほうが気持ちがいいね。きれい好きだね！
場に着いた	時間に余裕があると気持ちの準備もできるね。えらい！
	挨拶は先に言ったほうが勝ち。やったね！
	ちゃんとできるよ、大丈夫。苦しいときほど成長するチャンス！
絡があった	何かあってもちゃんと解決できるよ！　大丈夫
	ちゃんと親としての務めを果たしていてさすがだね！
	親子ともども人気者！
迎えをした	子供の安全も守って、時間にもちゃんと間に合って、すごい！
た	ちゃんと成長を見守っていて本当にいいお母さんだね。その調子！
換をした	人づき合いって疲れるよね。でも大丈夫。うまくやれてるよ！
	相手の気持ちも考えて偉いね！　思いやりがあってさすがだね
	急に誰か来ても大丈夫だね。子どもの良い見本になってるよ！
	体調管理は大切だよね！　社会人としての意識が高い！
を整理した	ないものがはっきりすると買い物が効率的になるね。さすが～！
のものだけ買った	無駄遣いしなかったね！　誘惑に負けないですごい!!
た	家族が健康でいられるのはあなたのおかげ。いつもありがとう
たたんだ	後々のことを考えて片付けられるなんて偉いね。主婦の鏡だね！
	いつもきれいにしていて素敵だね！これで明日も気持ちよく過ごせるね
	成功者はよくトイレ掃除するって言うよね。必ずいいことあるからね！
確認した	これで明日の朝も余裕があるね。時間管理が上手だね。
	地味な作業だけど家族のためにいつもありがとう。縁の下の力持ちだね
た	今日も一日お疲れさまでした。リラックスして自分を大切にしてあげてね
た	健康維持にも手を抜かないなんて、意識が高いね！
	関係性を大切にしているから、支えてくれるんだね。
	知識がまた一つ深まったね。向上心が高い!!

［例5-3］子育て中30代女性の自分ほめリスト

自分ほめリスト

大項目	中項目	小項目	ほめる
自分ほめ	準備 / 朝	起床	二度寝せず起きた
		身支度	服装やヘアスタイルに迷わなかっ
		朝食	毎朝家族のために早く起きて朝食
	家事 / 朝	洗濯物を干す	丁寧にしわを伸ばして干した
		食器を洗う	夕方に回さず朝洗えた
		片付け	出かける前に片付けができた
	仕事	出勤	仕事開始時刻より余裕をもって職
		挨拶	自分から先に挨拶した
		勤務中	忙しくて失敗した
	教育	学校でのトラブル	学校の先生から子どものことで連
		役員	役員を引き受けて集まりがあった
		交友	子どものお友達が遊びに来た
	子どもの習い事	送迎	交通安全を守り遅れないよう送り
		応援	子供がかんばっている姿を見届け
		人付き合い	ママ友と良好な関係を保ち情報交
	帰宅	運転	道を相手に譲ってあげられた
		靴を揃える	帰宅して靴をきれいに揃えた
		手洗いうがい	帰ってすぐに手洗いうがいした
	夕食	食材確認	賞味期限などを確認してストック
		買い物	衝動的に不要なものを買わず、目的
		調理	栄養バランスを考えて食事を作っ
	家事 / 夜	洗濯物をたたむ	溜めないようにこまめに洗濯物を
		掃除	クイックルワイパーで掃除した
		トイレ掃除	いつもよりしっかり掃除できた
	明日の準備	明日の持ち物	自分の鞄の整理や子供の持ち物を
		朝食の準備	忘れずお米を研いでおいた
		お風呂	疲れをとるためにしっかり温まっ
	自分の時間	健康維持	ストレッチやエクササイズができ
		友達	友人との交流を大事にしている
		読書	少しでも本を読んだ

ポイント	はめるセリフ
眠いのに朝起きた	よく長い夜を乗り越えました。悪夢に勝った勇者！
かし、内臓をいたわれた	水分補給は大事！　胃腸にも優しくしていてえらい
少しでも食べた	朝の食事で体も頭も働くよね。自分のためにご飯を作ってえらい！
キレイに保てた	冷たいお水で洗うのは大変だよね、すごいね。ありがとう
のがしんどいのにどうにか干した	洗濯物を干すのも立派なリハビリだよ！　すごいよ！
ど、リハビリもかねて掃除機をかけた	苦手なことに挑戦するのは大変だよね。頑張ったね
うと気持ちをもっていけた	逃げずに朝を迎えただけでもすごいのに、できる限り頑張ってえらい！
早く返せた	具合が悪いと他人のことを考える余裕がなくなるのにちゃんとしてる
れた	自立の道を探してすごい
ための方法を細分化して考えた	変化のない生活の中、自分を見失わないのは強い
の自分が準備すべきことを知れた	制度を正しく知ることで、今できることが見えてくるよね
の方法を学べた	無理した過去を責めないで、前を向いててえらいぞ
	定時で忘れずに飲むのも大変だよね。副作用にもよく耐えたね
と休憩した	しっかり休んでえらいよ。回復の第一歩！
組み合わせて自炊した	規則正しく食事をとってエライ！
	体を動かしてえらい！　やるまでは大変だけど、気分転換になるよね
て、体力づくりと気分転換をした。	町を歩けるなんてすごい成長！
で、意識して深呼吸をした	先生にいわれたことを実践しているね。すごいすごい！
ろに行こうと挑戦した	お風呂って入るまでが大変だよね。えらいぞー！
	シャワー倒せたね！　お疲れ様、ナイスファイト！
ンゲルだけは塗る	おかげでお肌がきれいだよ！　ありがとう！
頑張って作っている	料理を想像できるのはすごいよ！　リハビリ進んでるよ！
行くように食事バランスを考えた	栄養バランスまで考えてて頑張り屋さん
期以外、自炊をしている	小さい不便なキッチンで自炊してえらいよ！
わついた心を少しフラットにした	自分で自分の気持ちの面倒をみてえらいね
好きな部分を書き出した	書くことで頭も整理できるよね。言葉のお守りの貯金だね
らやりたいことを探した	モチベーションアップのために工夫しているね。頑張ってるね
の基本的な面倒を見れている。	歯磨きは大事だよね。おばあちゃんになっても虫歯がないといいね
	今日最後のお薬だよ。今日も一日お薬と一緒に頑張ったね
ら明日の私に引継ぎをする	体調のコントロールを頑張っているね。きっと明日も大丈夫だよ

［例5-4］うつ治療中の30代女性の自分ほめリスト

自分ほめリスト

大項目	中項目	小項目	ほめる
自分ほめ	朝・支度	起床	眠りが浅くて悪夢を見る毎日。とても
		水分補給	ひと手間かけて電気ケトルでお湯を沸
		食事	何もしたくないけれど、服薬のために
	家事	食器洗い	食器をためずに都度洗うことで台所を
		洗濯	洗濯機に入れることは簡単でも、干す
		掃除機	うつの症状にモーター音はつらいけれ
	在宅ワーク	パソコンをつける	調子が悪くてもとりあえず仕事をしよ
		メール確認	仕事の意識を忘れないように、連絡を
		案件に取り組む	いまの自分に出来ることを一生懸命や
	勉強	目標設定	障害を持った自分が一人で生きていく
		障害者就労について知る	知らないことの多い制度を学んで、今
		精神障害について知る	完治はしない症状と共存していくため
	昼休み	服薬	忘れずに定時で飲んだ
		無になる時間	休憩するのも仕事だと思って、きちん
		食事をとる	週一で買いだめし、下準備して冷凍、
	体を動かす	動画を見てストレッチ	体調を自分で整えようとしている
		散歩	引きこもらないように、少しでも歩い
		深呼吸の練習	常に緊張していて呼吸が浅いらしいの
	入浴	着替えを用意	お風呂という酸素が薄くて疲れるとこ
		シャワーを浴びる	気力体力を使って衛生保持している
		急いで保湿する	どんなにしんどくても、オールインワ
	食事	冷蔵庫にあるものを見る	意外と料理はクリエイティブなので、
		栄養バランスを考える	うつ病は脳の病気なので、脳に栄養が
		準備をする	ものすごく小さいキッチンで、激うつ
	休憩時間	読書をする	先人の知恵を集約した本を読んで、ざ
		読書ノートを書く	いつでも見返すことができるように、
		SNS で情報収集する	リハビリ目標のために、元気になった
	就寝	はみがき	セルフネグレクト状態から脱し、自分
		服薬	自己管理のために忘れずに飲んだ
		明日の ToDo を作成	うつで頭が働かなくても、今日の私か

自分ほめリストを毎日見るだけ

自分ほめリストをつくり、行動分析したら、次におこなうのは、自分ほめリストを毎日眺めることです。

なぜ毎日眺めるかというと、**日々目にすることで、「夢のための行動」の優先順位を上げることができるからです。**優先順位を上げ続けることが、結果を出すためには欠かせません。

現代人は何かと忙しく、急に「明日までにこの書類を仕上げてほしい」といった、イレギュラーな頼まれごとも多いでしょう。「夢のための行動」の重要度が高いと頭でわかっていても、潜在意識の中で優先順位が低ければ、一日も終わりに近づいた頃、「やらなきゃ」と思っているうちに睡魔に負けてしまいます。

「今日はできなかった」というのはまだいい。でもやらない日が続けば、「自分がやりたいことは何だったたっけ?」と最後は忘れてしまうのです。そのくらい優先順位が低くなったら、もちろん結果が出せないのは明らかです。

日々忙しくて夢のための行動ができなかったのは、実は自分の中での優先順位が高くなかっただけ。ですから、まずは自分の中で、「夢のための行動」の優先順位を上げなければいけません。

自分ほめリストを毎日なんとなく眺めていると、自分のなかで「夢のための行動」の優先順位を上げることができます。そして、ちょっとした時間ができると、「そうそう、筋トレしようと思っていたんだ！」と思い出すことができます。意識し続けていれば、たとえその日は「夢のための行動」ができなくても、翌日のすき間時間を使って、簡単な筋トレができるかもしれません。

筋トレであれば、エレベーターに乗っているときに誰もいなければ、目的のフロアに着くまでの数秒間を使ってスクワットができます。私も東京出張のホテル宿泊時は、高層階から地上に降りる時間を使ってスクワットをしています。

優先順位が高いことが潜在意識に入っていれば、体は何としてでも実行しようとします。すき間時間を使ってでもやろうとして、体が勝手に反応するのです。

とりあえず毎日、自分ほめリストを見るだけ。まずはそれだけで充分。この一歩を踏み出せば、三日坊主になってもかまいません。また始めれば良いのです。

ミッションシートを使って未来のゴールを自分の中に刻んでみる

ここまで、自分ほめを習慣化する簡単な方法をご紹介してきました。

自分ほめが少しずつでもできるようになったら、「もうちょっと行動できそう」と思うかもしれません。これは「成長したい」という、質の良い欲ともいえます。

そのときは、もう少しアクティブな自分ほめにチャレンジしてみましょう。もちろん、やる気やモチベーションは必要ありません。そんなものに頼らず行動する、そのために有益なのが「ミッションシート」です。

ミッションシートは、毎日、自分の未来の予定を紙に書き写していくだけ。

そもそもモチベーションの低い私が、10年間継続しているのです。目に見えて結果が出て、振り返ると自分が愛おしくなる。それほど楽しいルーティンです。

ではここから、自分ほめの上級編、すべての行動を紙に落とし込むミッションシートの書き方をざっくり紹介しましょう。

振り返りにいちばんいい時間帯は深夜12時半から1時。電話も鳴らないしメールも届かない。シーンとした空間の中で集中できます。

この時、私はいつも自分のテーマソングをかけます。iPhoneには、自分のテーマソングを何曲か入れてありますが、特にお気に入りなのが映画『フォレストガンプ』のメインテーマです。

そして、白紙のＡ４の紙を1枚と、ペンを目の前に置きます。これで準備は完了。音楽を聴きながら、振り返りをします。

まず、これから始まる、あるいは現在進行中のプロジェクト名と担当者の名前。これは毎日書きます。

そして自分のミッションを書き出します。それは「こういう世の中にしたい」という最終ゴールに関する具体的な夢。私なら「１９４か国とほめ育のライセンス契約を結びたい」「ＡＩでほめ育ランドをつくりたい」など、壮大なことを書いています。

次に、3年後、2年後、1年後、半年後、3か月後、今月、今週、今日（明日）、この時系列でスケジュールを書き出します。これらは具体的な目標になります。実際にA4の紙1枚に描くのは未来のことだけで、過去のことは書きません。それが振り返りになります。それを毎日書き写すのです。

未来の予定は潜在意識にお任せ

数年前は「TEDに出たい」というのがゴールでした。そして2021年4月にTEDxアフリカに出たのでゴールはクリア。数年前なら「TEDに出たい」なんてホラに聞こえたでしょうが、そのホラを夢に変えることができたのです。予定をクリアすると、また違う3年後の夢を書いていきます。こうして3年後の目標がどんどん変わっていく、この繰り返しです。

なぜこのようなミッションシートを毎日書いているかというと、顕在意識だけで何かをやろうとするのは難しいからです。

例えば、セミナーや打ち合わせの前日に企画を考え始めても、いい案はまったく浮かびません。かといって、ずっと考え続けるのも現実的に時間がなく、難しい。他にしないといけないことはたくさんあります。

そこで、潜在意識に考えてもらうのです。

プロジェクトの名前と関係者を書き込んだA4用紙のミッションシートと、その案件の企画書をプリントアウトしたもの、これらをクリアファイルに入れて、毎日目を通すだけ。

「3月31日にA社と打ち合わせ」があれば、それを日々写します。それによって、その日までに私が用意しておかないといけないことを、潜在意識が考えてくれます。

トライアスロンの大会も、出版社との打ち合わせも、TEDも、明日以降の予定が潜在意識にはずっとあります。先のことはすべて潜在意識にお任せ。**顕在意識では考えられなくても、毎日見るだけで潜在意識が考えてくれるのです。**

こうして潜在意識に委ねて本番に臨みます。

すると、いつでも「今ここ」に集中できるのです。

前日のたすきを翌日に受け渡す

「誰かに会わないといけなかった」「誰かにメッセージしないといけなかった」「しなきゃいけないことがあったけど、何だったっけ？」と考えながら眠るのは嫌ですよね。モヤモヤしたまま寝ると、朝もモヤモヤして起きます。そしてメッセージが来て「あー、今日あの人の誕生日だった！」と気づくことになってしまいます。

ミッションシートはいわば自分への日報。毎日自分自身に日報を書くメリットは、「もう完璧！」という精神状態になることです。

完璧な状態で寝るので、思い残すこともありませんし、明日することもわかっていて、漏れもない。忘れ物も探し物もない。3年後のビジョンもバッチリ。プライベートも仕事もお金も健康も、忘れているものはない。完璧！　安心して寝られます。

前日のA4の紙1枚のミッションシートは、駅伝でいえば前走者。そして、今書き写しているA4の紙1枚のミッションシートが次走者。「よくやったな」とねぎらいながら、たすきを渡すのです。

こうして、すべての人生ミッションが、毎日一歩ずつ進みます。一気に進むときもあるし、なかなか進まないときもあります。

すべてのプロジェクトが毎日動くわけではなく、言葉だけを書き写すこともあります。でも、それでいいのです。なぜなら**物事が進まなかったとしても、未来の予定を潜在意識に保存しておくということが大切だから。**

潜在意識ではずっと考えています。だから、「あの案件は何をすればいいんだっけ?」とはならない。ミッションシートに落とし込んだことは、ずっと頭にあることですから、全部即答できる準備ができています。常に意識して、優先順位を上げておくことが、結果につながるのです。

ミッションシートについては、拙著『神メモ　紙1枚で人生がうまくいくメモの技術』(すばる舎)で詳しく説明してありますので、もっと知りたい方はご参照ください。

このように、私は10年間、毎日ミッションシートの書き換えを続けてきました。ですから現在、約3650枚が溜まっています。

基本的に私は過去を振り返ることはありませんが、すべてファイルしてあるので、あの頃に計画していたこと、うまくいったこと、うまくいかなかったこと、すべてわかるようになっています。

そして、そのときにベストを尽くしているので、「よくがんばったな」と思えます。だから自分がかわいくて仕方がありません。このように、毎日ミッションシートを書いていくことで自分を振り返れますし、それだけで自分をほめることができます。

しかし、このメソッドに絶対的な形式はありません。あなたなりのミッションシート、日報でいいのです。

毎晩すっきりした気持ちで眠り、そして気持ちよく目覚め、その日に何をすればいいのかがわかっている。とりあえず体を動かしていると、徐々にエンジンがかかってきて、なんだかスキップしたくなる。そんな毎日を過ごしてもらえたらと思います。

○ わらしべ長者でいこう

2012年に初めてアメリカでセミナーをしたとき、現地日本人を中心に80人ほどの人が参加してくれました。そして質疑応答の時間に、こんな感想をいってくれた方がいました。

「原さんのやっているほめ育は素晴らしいと思います。日本では実績があるようですが、アメリカでは難しいと思いますよ。なぜならアメリカは日常的にほめ合う習慣がありますから。もしかしたらアメリカ以外の国がいいんじゃないですか」

私はこういいました。

「確かにアメリカでは難しいかもしれません。でも、私はやると決めています。だから、あなたのような問題意識のある方といっしょに広めていきたいですね。いろいろアドバイスをいただけたらうれしいです」

すると、向こうもハッと気づいたようです。講演内容を否定するような発言に負い目があったのでしょう、講演が終わってから近づいてきて、「さっきは雰囲気を悪くして申し訳ない。せっかく原さんが日本から準備して来てくれたのに水を差しちゃって」と謝ってくれました。

「いや、全然。そんな問題意識を聞けて非常に良かったです」と私がいうと、彼はこういいました。

「何かあったら私にいってきてくださいね。応援しますから」

普通なら、「ありがとうございます。じゃあFacebookでつながって、ちょっとおしゃべりできたらいいですね」となるでしょう。しかし私は、アメリカっぽくこういったのです。

「あなたは今、僕を応援したいといいましたね」

「はい」

「でも、何を応援したいかわからないのですよね。それなら僕、今から書き出しますから」

そういって、応援してほしいこと10個を箇条書きにしました。

「10個書きましたけど、この中から8つ以上やってくれたら、私はあなたから応援されたと思います。だって、私を応援したいんでしょ？　何をしたらいいかわからないでしょ？　だったら、何をしたらいいかわからないという問題を解消します」

すると、向こうの目が「えっ？」といっているように感じました。私のことを面白いと思ってくれたようです。そこからグッと仲良くなりました。

それから彼は、ほめ育アメリカ代表になり、私のアメリカ滞在をサポートしてくれることになりました。一軒家に部屋を用意して私の宿泊場所とし、朝食の準備、会場への送迎、セミナーの集客から司会まで、すべて無料でやってくれたのです。

彼がいなかったら、今の私はいません。

だから私は自分のことを、現代版わらしべ長者だと思うのです。

まず動いたら、転んだ。でもそこでへこたれず、目の前のわらをつかんだ。転んでいなければ、わらはつかみませんよね。そこでつかんだわらを、出会った人と交換し、もっと素敵なものにしていくのです。

ど素人がうまくいく方法をいくら考えても、ど素人の意見しか出ません。知っている人のほうが知恵があります。わからなければ、知っている人に聞けばいい。

ぜひ、素直にチャレンジしてほしいと思います。そして、あなたが握っているものを、どんどん素敵なものと交換していってください。

おわりに

別にやる気なんかなくていいし、モチベーションもなくていい。

元気がない人、好きなことが見つからない人、やりたいことがない人、働いているけどお金もないし時間もないという人にお届けしたくて、この本を書きました。

同期たちが大活躍している30代前半、私はラーメン屋の皿洗いをしていました。汚い布団で寝起きして、「この先どうなんねん」と、お先真っ暗で洗い場に立ち、焼き豚をつくっていました。

ただそういう状況下でも、その日をいかに楽しむか工夫していました。そして寝るときには、「今日もいろいろあったけど、よくがんばったな」と自分をほめ、笑顔で寝るように心がけていました。すると翌朝、心が軽くなっていて、「絶対に乗り越えていける！」と確信できたのです。

落ち込んだときも、半年間ニートのときもあったけど、どのポジションでも置かれたところで咲く。置かれたところで咲くならどんな花でもいい。世界で活躍してもいいし、ラーメン屋の皿洗いを楽しんでもいい。ニートで家に籠っていたときも、別に悪い人生ではなかった。生き方すべてを肯定する生き方なのです。

何があっても肯定する自分を残す。それが、私が最後に言いたいことです。

自分のすべてを肯定することによって、相手の生き方すべてを肯定できる人間になれる。優しくなれると思うのです。

「強くないと生きていけない。優しくなければ生きる資格はない」

強い人間になると結果は出るでしょうが、それ以上に優しくないと生きている価値がないのではないでしょうか。

私は、「結果は出たらいいけれど、出なくてもいい」という主義です。

「マイナス・スパイラルに入ってるな。でもいいんじゃない、そういうときもあって」

そういうときがあるから、他人の痛みがわかるし、共感できる人間になる。人生の豊かさとはお金持ちであることではない。結果を出す人＝人生が豊か、でもない。

ちゃんとした生き方をして、自分で「しっかり今日も生きたな」「この1か月間生ききったな」という実感を蓄積していけたら、それでいいのではないのでしょうか。

自分でしっかり「よし！」と手応えを感じながら生きていくほど、強いものはないと思います。

他人からの評価はあくまでもプラスアルファ。良い評価であれば理想ですが、悪かったら気にしなくていい。他人の評価はあくまで他人の物差しでしかありません。売り上げやチームワークには必要かもしれませんが、自分という個人の人生には関係ないのです。

動いているうちに運が良くなるかもしれないし、ならないかもしれない。生きているだけで丸儲け。ガンガンに攻めたいなら攻めたらいい。世に出なかったら出なかったでいい。私の中では、それは自由自在なのです。

私は、ラーメン屋の皿洗いをしていたときの自分も、TEDxに出るような今の自分も、いつの自分も大好きです。どの自分もステキだと思うから。置かれたところで咲けばいいのだと思います。

テレビをつけると、マイナス思考になってしまうようなニュースも多い昨今。コロナなどの外的要因に振り回されていると、人生の楽しみ方や目標のつくり方がわからなくなります。

死が怖くなるのは、いつまでも生きられると思っているから。後でやろうと思っていても、人生はどこかで必ず終わります。どんな人生であれ、自分の人生はよかったと思える人が増えたらいいなと思います。

お読みくださりありがとうございました。

最後に、本書の刊行にあたってお世話になった編集者の水原敦子さんをはじめ、大切なほめ育の仲間、愛する家族に心から感謝します。

令和三年九月吉日

原邦雄

原邦雄

（はら・くにお）


ほめ育グループ代表。

日本発の教育メソッド「ほめ育」を開発し、世界18か国、のべ50万人に広めている。

大手コンサルタント会社から飲食店の洗い場に転職し、4年間住み込み、店長を経験。

そして、実際に現場で通用した教育に脳科学と心理学をミックスさせ、「ほめ育」という教育メソッドを完成させた。300社以上の企業や、幼児教育を始めとした教育現場にも導入され、また起業家支援もおこなっている。ほめ育オンラインサロンは、どんな人間関係も円満にする内容で開催中。

また、日本だけでなく、アメリカ、中国、インド、シンガポール、タイなど世界18か国で活用されている。著書は20冊（英語、中国語、韓国語にも翻訳）。テレビ朝日「報道ステーション」、NHK、「The Japan Times」などに登場、海外TEDxにも登壇。さらに、自ら財団法人を設立し、カンボジアや宮崎、秋田の児童養護施設に寄付活動をしている。

2018年、東久邇宮褒章受章（代表スピーチ）。

趣味はトライアスロン。モットーは「意志があるところに道はある」。

STAFF

ブックデザイン　喜來詩織（エントツ）
カバーイラスト　高村あゆみ
作図　佐藤末摘
編集協力　山内早月
校正　永田和恵
DTP　株式会社キャップス
プロデュース　水原敦子

毎日がストレスフリーになる「自分ほめ」

2021年9月25日　初版発行

著者　原 邦雄
発行者　太田 宏
発行所　フォレスト出版株式会社
〒162-0824
東京都新宿区揚場町2-18 白宝ビル5F
電話　03-5229-5750（営業）
03-5229-5757（編集）
URL　http://www.forestpub.co.jp/
印刷・製本　萩原印刷株式会社

ISBN 978-4-86680-142-1 Printed in Japan

購入者特典

感謝を込めて、無料プレゼントをお贈りします

著者の原邦雄氏より、本文で紹介したワークシートと解説動画を
特典としてご用意いたしました。ぜひご活用ください。

PDFダウンロードプレゼント

1 妖精「ほめりん」と楽しく「自分ほめ」できるツール
幸せを呼ぶ「自分ほめカレンダー」

2 一か月ごとに自分ほめするツール
自分ほめ月報

3 未来の夢をリアルに見るツール
自分の未来年表

4 「こうなったらいいな」を現実にしていくツール
自分ほめリスト

5 ツールの使い方と著者の「ここだけの話」を動画でお届け
持続可能な【自分ほめ】のコツ

無料プレゼントはWeb上で公開するものであり、小冊子、CD、DVDなどを
お送りするものではありません。上記特別プレゼントのご提供は
予告なく終了となる場合がございます。あらかじめご了承ください。

こちらにアクセスして
読者プレゼントを入手してくださいね。
http://frstp.jp/jibunhome